暗黙のルールが身につく
ソーシャルスキルトレーニング（SST）カード教材集 テキスト

こころとそだちのクリニック
むすびめ院長
田中康雄 監修

北海道大学教育学研究院附属
子ども発達臨床研究センター准教授
岡田 智 編著

ナツメ社

暗黙のルールが身につく

ソーシャルスキルトレーニング(SST)カード教材集
テキスト

こころとそだちのクリニック
むすびめ院長
田中康雄 監修

北海道大学教育学研究院附属
子ども発達臨床研究センター准教授
岡田 智 編著

ナツメ社

暗黙のルール活動集 1

暗黙のルール de カードゲーム

活動内容 ■かるた ■ババ抜き ■神経衰弱 ■読み上げる

- 時間　10～15分
- 人数　3～5名
- 対象　7～18歳

このような子どもたちに

カードゲームは、難易度を調整することでだれでも楽しめます。

関連するプログラム
- テーブルゲーム（★104ページ）
- SSTすごろく（★54ページ）
- ペア探し（◆94ページ）
- よく聞くかるた（◆40ページ）
- 負けても怒らないかるた（◆54ページ）
- 見る修行（◆44ページ）

活動の方法

概要
ババ抜き、神経衰弱などといった子どもが楽しめるゲームを、暗黙のルールカードで行う活動です。ただ単にカードゲームを楽しむというのもよいのですが、世の中を渡っていくために（集団生活や人間関係などを上手にこなすために）必要なルールの勉強でもあることを事前に教示するとよいでしょう。社会性指導やソーシャルスキル指導の導入のプログラムにもなります。

＜暗黙のルールdeかるた＞
1. 先生がかるたの要領でカードの読み札（上の句）を読み上げ、子どもは取り札（下の句）を取る
2. カードを取った人は、上の句と下の句を合わせて読み上げ、自分が取った暗黙のルールをみんなに知らせる
3. カードをたくさん集められた人が勝ちというルールで競い合う

＜暗黙のルールdeババ抜き＞
1. 先生がカードを配る
2. 上の句と下の句がつながるカードを持っていたら、札を読み上げて自分の前に並べて置く
3. 順番を決め、ババ抜きのようにカードを隣の人から引いていき、上の句と下の句がつながったら読み上げて自分の前に置く
4. たくさんのカードをそろえ、早くなくなった人が勝ち

★＝『特別支援教育をサポートする 図解よくわかるソーシャルスキルトレーニング（SST）実例集』（ナツメ社 2012）
◆＝『CD-ROM付き 特別支援教育をサポートする ソーシャルスキルトレーニング（SST）実践教材集』（ナツメ社 2014）

＜暗黙のルールde神経衰弱＞
1 上の句と下の句を分けて、ランダムに机の上に裏返しに配る
2 順番にカードをめくっていき、上の句と下の句がそろったら声に出して読み上げ、カードをもらうことができる
3 たくさんカードを集められた人が勝ち

アレンジ・バリエーション

2人ペアになり、ババ抜きや神経衰弱などを行うことで、「相談をする」「折り合いをつける」などの学習もねらいとすることができます。

その際は、事前に相談の方法や、折り合いのつけ方のルールなどを提示しておくとよいでしょう。

◆ 子どもに応じた配慮 ◆

子どもの実態(年齢、認知水準、社会性の水準、課題となるルール)に合わせ、使用するカードの内容を選択したり、新しく作成したりするとよいでしょう。低学年の子どもや、知的理解力や社会性に困難が強い子どもの場合は、慣れるまでは少ない枚数からスタートし、徐々に増やしていくようにします。

定着化・般化のPOINT

- 児童にとって必要な暗黙のルールは、カードゲームで触れたあとは、日常の指導のなかで先生が意識的に使用するのが有効です。
- 日常生活のなかでの具体的な体験と、カードのことばを結びつけて教えることがポイントです。連絡帳などで、担任や家庭とも共通理解を図っておきましょう。

(森村)

暗黙のルール 活動集 2

下の句ブレーンストーミング

活動内容 ■ 下の句を考える ■ 話し合い ■ アイデア（意見）を共有する

- **時間** 20分程度
- **人数** 2〜8名
- **対象** 9〜18歳

このような子どもたちに

仲間や大人の考え方や視点をイメージしにくい子どもたちに最適な活動です。答えは一つではないことや、TPOによって違うことを強調したいプログラムです。

関連するプログラム
- かぶらナイス！
（◆102ページ）
- みんなの意見deそれ正解！
（◆104ページ）

活動の方法

概要
上の句だけを提示し、下の句をみんなで想像して、意見を交流する活動です。自分の生活経験をもとに交流できるとよいでしょう。

準備するもの
- フリップ一式×人数分
（小さいホワイトボードとマーカー）
- ベストアンサー札

先生から、お題として「独り言、人前で言ったら〜」などと、カードの上の句（または、子どもの生活のなかから考えたもの）が提示されたら、子どもはそれに続く下の句を考え、フリップに記入してベストアンサーを決める。

◆＝『CD-ROM付き 特別支援教育をサポートする ソーシャルスキルトレーニング(SST)実践教材集』(ナツメ社 2014)

1 活動のルールを説明し、どのように行うか先生が例示する

> **ルール**
> - 自分の経験を振り返り、下の句（続き）を考える
> - 友だちの意見は否定しない
> - 文字数は、合わなくてもかまわない

2 先生から指名されたらフリップをみんなに提示し、解答を口頭で伝え、なぜそう書いたかを説明し、具体的場面があれば、例として出す

> **具体的な場面の例：**
> 「4年生のとき、友だちに独り言を言っているよといわれて、はずかしかったんだ」など

3 自分と同じ解答をだれかが発表したときには、「同じです」と言って、自分もフリップをみんなに提示する

4 全員の解答が提示されるまで続ける

5 みんなで話し合い、今回のベストアンサーを決める

場合によっては、必ずしも正解があるわけではないが、内容によっては先生から正解を示すことも必要となります。話し合いのなかで、子どもが実際に直面している課題を具体的なエピソードで取り上げ、一般化していくことがポイントになります。

◆ 子どもに応じた配慮 ◆

- 子どもの実態に合わせ、使用するカードの内容を選択するとよいでしょう。時には実際の生活のなかで、最近起こった課題に即したルールを選択することも重要です。
- 言語表現が苦手な子どもの場合は、無理に引き出そうとしない配慮や、話し合いに参加することを認めていく配慮が必要となります。他者の意見を聞いているだけでも十分学びを提供できます。
- 他者からの評価に対し強い不安をもつ子ども、自身の意見に固執してしまう子どもがいる場合には、一つの答えを出すのではなく、話し合いに主眼を置いた指導を行うとよいでしょう。
- さまざまな答えがあると動揺してしまったり、混乱してしまったりする子どもに対しては、最終的に望ましいルールを一つに決めて、きっちり提示することが望まれます。

（山下）

暗黙のルール活動集 3

暗黙のルール インタビュー

活動内容　■ インタビューする　■ インタビュー内容を発表する

時間 20分×2回

人数 個別～8名

対象 9～15歳

このような子どもたちに

他者の視点に気づかなかったり、柔軟にルールをとらえられなかったりする子どもに、自己や他者の体験をつなぎ合わせることで、新しい気づきを得させることができます。

関連するプログラム
- インタビューゲーム
（◆68ページ）
- 気持ちの切り替えインタビュー
（◆126ページ）

活動の方法

概要
暗黙のルールカードの上の句を活用し、ほかの人はどうするかをインタビューすることで、さまざまな対処法を知り、柔軟な視点で暗黙のルールを自分のものにしていく活動です。

1. 自分がインタビューしたい内容の句が書かれたカードを選ぶ
2. 事前に決めた項目にもとづき、カードの内容のような経験はあるかどうか、自分だったらどうするかを話し合う
3. それはどんな経験かなどを、先生や家族、友人などにインタビューしていく

例：〈「だれだっけ？」名前を忘れてしまったら／気づかれぬよう名前を確認（マナー・礼儀2、82ページ））のカードを持って
自分「こんな経験ありますか？」
　➡ **相手**「名前を忘れちゃうことあります」
自分「そのときどうしましたか？」
　➡ **相手**「聞けないから、名札を見て確認しました」
自分「ありがとうございました」
　などとインタビューしていく

4. インタビュー内容を発表し、みんなで共有する
例：「名前を忘れたとき、僕のお母さんは上履きの名前をこっそりチェックしていたそうです」

◆＝『CD-ROM付き 特別支援教育をサポートする ソーシャルスキルトレーニング（SST）実践教材集』（ナツメ社 2014）

指導のコツ

インタビューの方法がわからない子どもが多くいるときは、「相手の名前を呼ぶ」「挨拶をする」「可能か確認する」「お願いやお礼を言う」「声の大きさ」「視線や距離感」など、事前にていねいな教示やロールプレイを行い、インタビューの練習をするとよいでしょう。

インタビューシートの例

インタビューシート
聞いた人（　　　　　　　　）
答えた人（　　　　　　　　）

身近な人（保護者や担任や先輩など）に、問題の解決方法をインタビューをする

インタビューに協力してください

質問1
あなたは、こんな経験がありますか。
（　　　　　　　　　　　　　　　　　）
（　　　　　　　　　　　　　　　　　）
（　　　　　　　　　　　　　　　　　）

質問2
私（僕）におすすめの解決方法はありますか。
（　　　　　　　　　　　　　　　　　）
（　　　　　　　　　　　　　　　　　）
（　　　　　　　　　　　　　　　　　）

ご協力ありがとうございました

カードの内容や決めた項目に沿って、先生や友人などにインタビューする

◆ 子どもに応じた配慮 ◆

- 学校のほかの先生や、家庭に協力してもらいインタビューをする場合は、事前に趣旨を説明して対応してもらえるように準備しておくとよいでしょう。
- そのときのテーマに合わせて、みんなで1枚のカードを使い分担してインタビューし、たくさんの人の考えや経験、対応方法などがあることを学んでもよいでしょう。
- インタビュー方法は、質問内容や聞き取った内容を書き取るワークシートなど、子どもの認知水準やコミュニケーションスキルに応じて作成しておくとよいでしょう。

定着化・般化のPOINT

インタビューを通じて、在籍校、保護者などの協力を得ることで、課題の共通理解を図ることができ、指導の場以外でも日常的に声かけしてもらえるようになるなど、支援の輪を広げる活動としても有効です。

（森村）

暗黙のルール 活動集 4

ご当地ルールPR

活動内容　■ご当地ルールの紹介　■話し合い　■多様性、TPOを知る

- 時間　15～20分
- 人数　2～6名
- 対象　10～15歳

このような子どもたちに

自分のルールにこだわりほかのルールを受け入れられない子ども、ルールを厳密に捉えて過剰適応状態*にある子どもなどに、取り組んでほしい活動です。

関連するプログラム
- 私の学びの場PR（★151ページ）

* **過剰適応状態**
環境（他者）からの要求や期待に応えようとして、無理をしている状態。

活動の方法

概要
それぞれの学校、地域、家庭などにあるご当地ルールを紹介し、話し合う活動です。ルールの多様性やTPOを知ることで、状況に合わせて柔軟に対応できる力を育てます。

1. 暗黙のルールとは「はっきりとは教えられていないが、私たちの日常生活にひそんでいて"当たり前"となっているルール」であることを説明し、その例として、ルールカードの句を数枚紹介する。その際、具体的な例をあげて、場所によってルールが違うことや、ご当地ルールがあることを説明する
2. 子どもたちの実態に合わせて「電車に乗るとき」「服装」「授業中」など大まかなテーマを一つ設定し、各自が自分の学校（家庭や地域）の暗黙のルールを見つけてカードに書き、順に発表し合う
3. 先生が、書かれたカードの内容を紹介しながら黒板に掲示し、まとまりごとにルールを分ける

例：学校の「トイレ」に関するルール
　「授業中は、絶対にトイレに行かない」
　「授業中、先生に確認すればトイレに行ってもよい」
　「女子は、トイレをさそい合う」　など

★＝『特別支援教育をサポートする 図解よくわかるソーシャルスキルトレーニング（SST）実例集』（ナツメ社 2012）

4 似ているルールの違う部分について、各自の生活場面ではどのように違うのか、意見を出し合う

5 この結果から、学校や家庭、地域、場面の違いがあると、暗黙のルールにも違いがあることを理解させ、ルールの多様性に気づかせる

6 ルールだけを厳密に捉え過ぎず、柔軟な対応をすることや、その場のルールがわからないときは「周りをよく観察すること」「他者に確認すること」も大切であることを教える

アレンジ・バリエーション

＜ご当地ルール自慢＞
自分の学校や家庭にある暗黙のルールの「よさ」を最大限アピールし合います。

例：それぞれが前向きに捉えているルールを紹介し合う
「私のクラスは、全員が宿題を1週間忘れずにやってくると、お楽しみ活動が1時間できます」
「家では、お誕生日のときは、必ずお寿司を食べます」
など

指導のコツ
暗黙のルールを手がかりなしに見つけ出すことは難しいので、カテゴリーを提示したり、ルールカードを示したりして、具体的な場面をイメージさせることが大切になります。

◆ 子どもに応じた配慮 ◆

お互いのルールの違いを受けとめられず、批判的になりがちな子どもには、事前に他者の意見やルールを批判しないで受けとめることが、この活動のルールであることを教示し、意識させます。

（岡田 克）

暗黙のルール活動集 5

ブレーンストーミングで話し合い①
～外出先を決めよう～

活動内容 ■話し合い ■意見を出す ■みんなで決める

- 時間 40分
- 人数 2～10名
- 対象 10～18歳

このような子どもたちに

自分の意見を強引に言ってしまう、人の意見をうまく聞けない、なかなか自分の意見を言えないなど、話し合い活動がうまくできない子どもたちに取り組んでほしい活動です。

関連するプログラム
- アイディア王は君だ！（◆76ページ）
- アイデアブレーンストーミング（★101ページ）

活動の方法

概要
話し合い活動にうまく参加するには複数のスキルが必要です。ブレーンストーミングの活動を通してたくさん意見を出すこと、そして、話し合って一つに決めることを学びます。

＜事前学習① 外出先の意見を出そう＞
[寸劇で話し合いのルールを確認]

1. 校外学習の外出先を決める話し合いをすることを説明する。上手に話し合いを行うには、いくつかのルールがあること、寸劇を見てそのルールを考えてもらうことを伝える
2. 先生がシナリオに沿った寸劇を見せ、「うまくいかなかった原因」と、「どうすればよいか」を考えてもらい、子どもたちの意見を板書する。その後、シナリオごとに「暗黙のルールカード（拡大コピー）」を提示し、それが話し合いのルールであることを教示する

シナリオ例
- A君が、強引に意見を言う
  A君「博物館で決まり！」
- B君は、途中まで意見が出かかるが、押し殺してしまう
  B君「ぼくは……。う～ん」
- A君「はい決まり。博物館！」

●提示するスキル（ルールカード）：コミュニケーション
⑩提案のしかた／⑪相手の意見を聞く／⑫レスポンスをする

★＝『特別支援教育をサポートする 図解よくわかるソーシャルスキルトレーニング（SST）実例集』（ナツメ社 2012）
◆＝『CD-ROM付き 特別支援教育をサポートする ソーシャルスキルトレーニング（SST）実践教材集』（ナツメ社 2014）

[話し合いの練習]

3 「ブレーンストーミング(★101ページ参照)」の活動で話し合いの練習をする。練習を実施する前に、話し合いのルールを再度確認する。相手の「うん」「いいね」「OK」がなければ、意見としてカウントできないことを伝え、ペアごとに先生が記録役になる

> **ブレーンストーミングの例：**
> **空のペットボトルの利用法を考える**
> ❶ どんなアイデアでもよいことにし、たくさん意見をあげていく。ただし、人や自分に危害が及ぶ意見や、はずかしい意見(下品なことや、性的なこと)を言うと、失格になるので気をつけるように伝える
> ❷ 2人ペアになり、順番に意見をあげ、3分以内にどのくらいの意見があがるかを競ってみる。テーマはそのつど変えていく(黒板消しなど)

[外出先の意見を出す]

4 校外学習の外出先を話し合う。先生が、あらかじめ作成しておいた外出先一覧(10か所くらい)を提示し、そのなかから行ってみたいところをブレーンストーミングし、1人1～2個ほど意見をあげる。子どもたちには、それらをすべてメモしてもらう

5 次回の話し合いと、宿題の説明をする。次回、グループの話し合いであがった外出先のなかから一つに決めることを伝える。次回までに、意見としてあがった外出先すべてについて、親に意見を聞いたり、インターネットで調べたりすることを宿題とする(ワークシートにまとめさせる)

＜事前学習②　外出先を決めよう＞

1 前回候補にあがった外出先から、一つに決めることを説明する。決め方や上手に話し合うために、いくつかルールがあること、寸劇を見て、そのルールが何かを考えてもらうことを伝える

2 寸劇を見せて、どうしたら上手に話し合って決められるかを考えてもらい、子どもたちの意見をふまえてスキル(ルールカード)を提示する

3 外出先について、1人ひとり意見と理由を言いPRしてもらい、多数決をとって一つに決める

> **シナリオ例**
> A君、B君でたくさん意見を言うが、決まらない
> A君「博物館はどう？」
> B君「遊園地がいいんだけど、どう？」
> A君「んー、やっぱり、○○公園は？」
> B君「遊園地じゃない？」
> 2人とも困ってしまう
>
> ●提示するスキル(ルールカード)：コミュニケーション
> ⑨理由を言う／⑬多数決／
> ⑭みんなで決めたことには合わせる

(岡田 克)

暗黙のルール活動集 6

ブレーンストーミングで話し合い②
～校外学習のルール～

活動内容 ■ 外出のルールの話し合い　■ 現地学習　■ 地域での実践

- 時間　20分
- 人数　2～6名
- 対象　7～18歳

このような子どもたちに

話し合いやグループ活動にうまく参加できない子どもに、適切なスキルを身につけさせることができます。また、活動意欲が低い、学んだスキルを般化しづらい子どもなどにとっても、このような体験型の学習が有効です。

関連するプログラム
- お楽しみ会を企画しよう（★123ページ）
- CM作り／オリジナル映画を作ろう（★124ページ）

活動の方法

概要

外出先ではたくさんの暗黙のルールがあります。場面毎のルールについて話し合うことで、実際の体験学習へつなげます。子どもたちの関心意欲の高まりを活かし、学んだルールやスキルの活用を促すプログラムです。

＜事前学習　外出のルールの話し合い＞

1. 外出先での活動内容、移動中のことなど、場面ごとにどのような「暗黙のルール」があるのかをブレーンストーミングで話し合う。話し合うメンバーは、子どもたちの社会性や行動コントロールのレベルに応じて変える（大人とペア、子どもどうしのペア、3～5人のグループなど）

例：外出のルール
「約束した集合時間の5分前に着くようにする」
「電車は降りる人が先」
「途中でトイレに行きたくなったら周りに伝える」など

★=『特別支援教育をサポートする 図解よくわかるソーシャルスキルトレーニング(SST)実例集』(ナツメ社 2012)

2. 子どもたちから出た意見をカードに書き起こし、内容ごと、場面ごとなどで分けて、具体的にイメージをさせる。また、これらをまとめてわかりやすくし、校外学習のルールとして「しおり」に書き込んでおく

＜現地学習と振り返り＞

1. 校外学習のあいだは、ルールを子どもの状態に応じて思い出させたり、**プロンプト***1したり、上手にできているときには、リアルタイムで**フィードバック***2していく（あまり口うるさくない程度に）
2. 事後学習でも、子どもの状況に合わせて振り返りを行う

 用語解説

- *1 プロンプト＝適切な行動がうまくできるように手がかりを与えるなどして補助すること。
- *2 フィードバック＝その行動が適切であったかどうか振り返り、ほめたり修正を与えたりすること。
  48〜49ページ参照

アレンジ・バリエーション

子どもたちが実際に実行できる活動として「調理学習」「買い物学習」「お楽しみ会」「発表会」「お茶会」「子どもたち提案の遊び」などがあります。興味関心や意欲を高められ、学んだスキルを実際の場面に結びつけやすくなります。

定着化・般化のPOINT

話し合い活動は、複雑で高度な力を必要とします。話し合いのルールを明確に提示し、それに沿って話し合いに参加できることからスタートとし、達成感をもたせて徐々に複雑なルールを追加していくとよいでしょう。

（岡田 克）

暗黙のルール活動集 7

コミュニケーション相談所
～寸劇を通した指導～

活動内容 ■ロールプレイング ■寸劇 ■話し合い ■コミュニケーションの格言

- 時間 45分
- 人数 3～8名
- 対象 10～15歳

このような子どもたちに

自分の振る舞いはとらえにくいけれど、ほかの人の問題だとよくわかるタイプの子どもに最適です。問題を、まずは自分と切り離し、寸劇という形で示してわかりやすくします。

関連するプログラム
- 何かがおかしいぞ（★86ページ）
- やりスギちゃんを探せ（◆98ページ）
- "裏の常識"川柳（◆108ページ）

活動の方法

概要
カードに取り上げられる裏のルールを、劇を通して子どもたちと共有していく活動です。先生の演じる主人公A君の悩み相談に、子どもたちが答えてくれるという設定で進めていきます。ここでは、導入の回で、「良いことも 言い方ちがえば悪いこと」（93ページ参照）のルールカードを取り上げる授業の流れを紹介します。

1 子どもたちに「先生たちが演じる寸劇を見て、A君の悩みについてみんなで考え、悩みを解決するにはどうしたらよいか、それぞれ意見を出してもらう」ことを説明し、流れを確認する

①先生が演じる劇を見る
②A君についてどう思ったか、意見を言う
  ●なぜ、A君は怒られたのか
  ●うまくいくためにはどうしたらよいのか
③解決策を話し合って、A君の悩みに答える

みんな、俺もう怒られたくないんだよ！
まじめにやろうとしてるのに、俺ばっかり怒られるんだ！
え？ どんな風にって？
ちょっと見てくれ！

★＝『特別支援教育をサポートする 図解よくわかるソーシャルスキルトレーニング（SST）実例集』（ナツメ社 2012）
◆＝『CD-ROM付き 特別支援教育をサポートする ソーシャルスキルトレーニング（SST）実践教材集』（ナツメ社 2014）

2 劇をはじめる前に、
- A君は怒られないようになりたい
- 友だちと上手につき合いたいけどうまくいかない
- みんなに相談に乗ってほしいという情報を伝える

3 次に、寸劇を見せる。子どもにより言語表現力に差があるため、事実（寸劇の台詞）を箇条書きにし、重要なところ（赤字部分）を隠して穴埋め形式にし、登場人物の言動を子どもに答えさせる

❶1時間目のはじまり
❷日直のA君が「気をつけ！」と言った
❸B君が鉛筆をいじって遊んでいた。
❹A君が「おい〜！　何してんだよ！　ぶんなぐるぞ！」と言って注意した
❺先生が「おい、A！　いい加減にしろ！」と怒った
❻A君が「ほら、俺ばっかり怒られる！　俺は、日直の仕事してるだけだろ！」

指導のコツ　指導者は「A君が悪い」という答えを前提にせず、むしろ子どもからA君を擁護する意見が出ることを促すようにします。

例：先　生「A君は日直の仕事だから注意するのは悪くないよね？」
　　子ども「A君、怒られるに決まってるじゃん！」
　　　　　「あの先生うざい！　俺も、すぐ俺のせいにされるし！」

4 「先生がもっとやさしく言ってくれればいい！」などと、他者の対応の問題にそれる場合もあるが、賛否両論いろいろな意見を肯定しながら、A君の元の相談「もう怒られたくない！」をかなえるためには「A君はどうすればよいか？」を考えるように修正していく

5 A君役の先生に再び登場させ、子どもたちに自分がよいと思う行動の見本をA君のために見せてあげてと促す。あるいは、子どもたちの意見を採用してA君役の先生が行動し、その結果怒られないということを見せる

6 最後に、寸劇として取り上げた暗黙のルールの句を「コミュニケーションの格言」として、みんなで唱えて確認する

指導のコツ 寸劇の最後に、「ありがとう！ みんな助かったよ！」と伝え、「自分の助言が役に立った！」と感じさせることが重要

アレンジ・バリエーション

さまざまな暗黙のルールを取り上げ、寸劇として展開することが可能です。この指導は、劇の台本が重要になりますので、子どもの実態に合わせ、しっかり検討・組み立てをして行います。

シナリオ作成のコツ

その1
設定が重要！

ここではA君としましたが、「赤君（赤信号という意味）」など呼び名や愛称も決めましょう。また、主人公は失敗をしつつも憎めないようなキャラ設定がよいでしょう。子どもたちが相談に乗ってあげたくなるようなキャラです。なぜなら、取り上げる題材を、より児童の実際の苦手さに近づけていった際に、「自分も似たようなことがあったなぁ」と共感できる必要があるからです。

その2
取り上げる内容は極端に！
はっきり！ わかりやすく！

実際の生活場面での対人的な問題はしばしばお互いに非があるものですが、わかりやすく極端な例を出すのがよいでしょう。たとえば、「先生に暴言を吐くA君」を取り上げたならば、それに対応する先生は、「暴言を吐き返さずに、常識的に厳しくする」という台本であることが必要です。

※P62〜69実践事例1、2でも、別のカードを題材にした実践を紹介しています。

◆ 子どもに応じた配慮 ◆

子どもたちの活動への動機づけが重要です。怒られたり、失敗ばかりの小学生の場合は、この活動のように「怒られるから困った」という状況が描けます。一方で、中学生くらいになると「対人トラブル」「変な目で見られた」「いやなことを言われた」というような人間関係の悩みが共感しやすいかもしれません。子どもたちの生活経験や感じ方、心理社会的発達に沿ったシナリオ作成が望まれます。

（中村）

監修者

- 田中康雄（こころとそだちのクリニックむすびめ院長）

執筆者

- 岡田　智（北海道大学教育学研究院附属子ども発達臨床研究センター准教授）
  暗黙のルールと発達障害：p24〜31／指導ポイント９：p40〜42, 48〜49, 58〜60

- 中村　敏秀（東京都あきる野市立増戸小学校通級指導学級主幹教諭）
  暗黙のルール活動集：p14〜16／暗黙のルールと発達障害：p22〜23, 34〜35／
  指導ポイント９：p43〜45, 52〜53／実践事例：p62〜69

- 森村　美和子（東京都狛江市立緑野小学校通級指導教室主任教諭）
  暗黙のルール活動集：p2〜3, 6〜7／暗黙のルールと発達障害：p36〜38／
  指導ポイント９：p54〜57

- 岡田　克己（神奈川県横浜市立左近山小学校通級指導教室教諭）
  暗黙のルール活動集：p8〜13

- 田邊　李江（北海道大学教育学院）
  暗黙のルールと発達障害：p32〜33／指導ポイント９：p50〜51／
  実践事例：p74〜79

- 塚本　由希乃（社会福祉法人はるにれの里　就労移行支援事業所あるば）
  指導ポイント９：p58〜60／実践事例：p74〜79

- 山下　公司（北海道札幌市立南月寒小学校通級指導教室教諭）
  暗黙のルール活動集：p4〜5／指導ポイント９：p46〜47

- 足立　明夏（北海道札幌市立中島中学校特別支援学級教諭）
  実践事例：p70〜73

執筆協力

- 長内　綾子（こやま小児科　心理士）

CONTENTS

巻頭 暗黙のルール活動集

1 暗黙のルールdeカードゲーム　2
2 下の句ブレーンストーミング　4
3 暗黙のルール インタビュー　6
4 ご当地ルールPR　8
5 ブレーンストーミングで話し合い①〜外出先を決めよう〜　10
6 ブレーンストーミングで話し合い②〜校外学習のルール〜　12
7 コミュニケーション相談所〜寸劇を通した指導〜　14

はじめに　生きる力を養い、育むために……20

1章　暗黙のルールと発達障害

- 発達障害のある子どもたちの「生きづらさ」……22
- ちまたにあふれる暗黙のルール……24
- 暗黙のルールの困難の背景にあるもの……26
- 暗黙のルールを通して育むもの……30
- 認知特性によって違う暗黙のルール……32
- 場所によって違う暗黙のルール……34
- 年齢段階によって違う暗黙のルール……36

- イラスト　鴨下潤
- 編集協力　株式会社 文研ユニオン
- 編集担当　澤幡明子（ナツメ出版企画株式会社）

2章　指導ポイント9

1. 支援者にとっての暗黙のルール……… 40
2. ロールプレイング(寸劇)……… 43
3. 言語的教示(具体化・視覚化・手順化)……… 46
4. プロンプトとフィードバック……… 48
5. モデリングと仲間関係のダイナミクス……… 50
6. 般化・定着化・連携……… 52
7. 外在化とリフレーミング……… 54
8. 自己理解の支援……… 56
9. ソーシャルナラティブ・アプローチ……… 58

3章　実践事例

事例1 小学生への通級指導による実践①……… 62
事例2 小学生への通級指導による実践②……… 66
事例3 中学生への特別支援学級における実践……… 70
事例4 中学生へのカウンセリング面接を通した実践……… 74

巻末　カード教材『暗黙のルールカード』解説

1. マナー・礼儀……… 82
2. 集団参加……… 86
3. コミュニケーションスキル……… 90
4. 身辺・生活……… 95
5. コーピングスキル……… 98
6. 信念・自己……… 103
7. 人間関係……… 106

さくいん……… 110

はじめに

生きる力を養い、育むために

　変化し続けるこの社会のなかで、周囲を見渡し、相手の気持ちを汲みながら、上手に適度に自己主張することが、生き抜くコツかと思います。

　この社会に生まれた瞬間から、僕たちは養育者を求めて泣き、その育みに感謝の笑顔を振りまきます。

　目で追い続け、時に得た安心できる対象に安堵し、時に得にくい対象に不安を抱く経験を通して、僕たちは叶う思いと叶わぬ思いを学びます。

　身を置く家から離れ、他者が待つ集団社会に身を投じ、やはり安心できる人と場所を求め続けます。徐々に、そのときどきに存在するさまざまなルールに直面し、従順に従う一方で、ことばによる交渉により、ルールであっても微調整できることを知ります。そのために相手の意を汲み、折り合いをつける技を学ぶ必要があるのですが。

　折り合いは時に決裂し、時に衝突し、足元をふらつかせます。僕たちは、必死になって安定を得ようと、和解の道を探ります。

　時にことばや態度は相手を不快にさせ、相手を傷つかせる力が在ることを知ることもあります。おそらくそれ以前に、僕たちは日々の生活のなかで、実際に落ちこみ、傷つく経験を重ねていきます。そこで出会うささやかな優しさや思いやりに、僕たちは癒されます。そして、今度は、僕がその優しさを相手へ贈ろうと決心します。

　本書で扱う「ソーシャルスキル」とは、こうした日々の生活のなかで育まれ身につけていく力のことかと思っています。

　ただ、時にこうした経験を積み重ねていくことが苦手だったり、上手に試行錯誤ができないために、楽しく生活を送ることが難しい方々もいます。

　それが「生きづらさ」です。

　本書は、発達障害と称される方々にある「生きづらさ」を「生きやすさ」に置き換えていくため、社会にある「暗黙のルール」という不親切このうえない決まりを、「わかりやすいルール」に翻訳しようとしたものです。

　理論と実践をバランスよく配置しつつ、実際には、試行・修正・実践を繰り返していく姿を見せてくれます。

　本書は、できあがった素敵な料理を見せる本ではなく、厨房で必死に試行錯誤する姿を見せてくれるものです。随所にあるクリエーティブな姿、ソーシャルスキルを提示するために、もっとも必要なもの、それが本書には溢れています。

　本書を読まれる方々が、それぞれの生活の場所で、よりクリエーティブに発展していくために活用されることを願っています。

　　　　　　　　　　　　　　　　　　　　　　　　　　　　　　　　田中康雄

1章

暗黙のルールと発達障害

* 発達障害のある子どもたちの「生きづらさ」
* ちまたにあふれる暗黙のルール
* 暗黙のルールの困難の背景にあるもの
* 暗黙のルールを通して育むもの
* 認知特性によって違う暗黙のルール
* 場所によって違う暗黙のルール
* 年齢段階によって違う暗黙のルール

発達障害のある子どもたちの「生きづらさ」

彼らの生きづらさの背景

　社会性の困難や、ASD（自閉症スペクトラム障害）のある子どもたちについて「教えなくてもわかるようなことがわからない」とか、「パターンにははまるが、応用が利かない」といったことばを耳にすることがあります。年齢が上がるほど「常識がない！」と厳しく非難されることもあるでしょう。

　私は「ふつうは……」という言い方をする人に対し「ふつうって何？　だれのこと？」と、嫌悪感を示した時期もありました。国語の教科書にも「みんなちがって、みんないい」と載っています。「この子たちは、この子たちなりでよいではないか！」と、若いながらに熱く語ったものでした。いま思えば、私にとって彼らを理解し、寄り添おうとした時期とでも言えるでしょう。

　「常識」とはなんぞや？　とインターネットで検索すると、「常識とは18歳までに積み上げられた先入観の堆積物にすぎない」と出てきました。アインシュタインのことばだそうです。こうなると、彼らにいったい何を教える必要があるのだろうかと思えてきます。

　しかし、とくにここ10年、現実に目の前にいる子どもたちの生活、特別支援の場に限らず通常の学級や家庭生活まで含め、より密着して過ごすなかで、「これは人として教えなければならない」「それは君がまちがっている！」「え!?そもそもそこから教えなくてはならないの？」と、そんな悠長なことは言っていられない状況に、しばしば直面します。

　そのような場面で、彼らは独自の論理を展開してきます。彼らが自分なりの考えを語れるようになることはとても大切な成長なので、その点では評価しつつも、一方で、このままでよいのだろうか？　と、指導者は頭を悩ますのです。それでも、「**この経験を、意味のある実体験として本人たちに価値づけていかなければ、ただの失敗経験で終わってしまう**」と、さまざまな経験から実感してきました。

社会は多数派の論理で進んでいる

　そういった思考をつきつめていくと、「ふつうか否か」などではなく、「**彼らの思考は少数派である**」ということに行き着きます。

　彼らが所属する学校、クラス、友だちの多くは「多数派の論理」で進んでいます。そのため、トラブルが発生しやすくなるのも紛れもない事実です。

多数派の意見になじめない → トラブルが重なる → 二次障害につながることも

そのトラブルは、積み重なると彼らのなんとも言えない「生きづらさ」の土台となってしまい、対人意識への拒否感や嫌悪感、頑（かたく）なさを増すといった、いわゆる二次障害へつながっていく可能性が極めて高いように感じています。

■ 暗黙のルールカードの活用にあたって

　極論を言うと、発達障害の特性があること自体よりも、その特性がありながら、**「多数派の社会で生活すること」**が、彼らの難しさをつくり出しているのではないかと思います。ただ、だからといって、彼らを完全に隔離していくべきだなどと言うつもりは決してありません。

　なぜならば、彼らが将来生活する場面は、その多数派の社会なのです。

　彼らに限らず、私たちが育てたいのは「失敗をしない子」ではなく、**「失敗をしても、乗り越え、さまざまな局面で自分なりに生きていける子」**であるはずです。つまり、失敗を意味のあるものにする必要があるのです。

　しかし、少数派ゆえに叱られたことや注意を受けたこと、失敗したことが、自分で納得できていないままで、結果、誤学習を重ねてしまい、失敗を意味のあるものにすることができなかった子どもを、予想以上に多く見てきました。

　そこで、これらの経験を、納得して受け入れやすくするためにと考えついたのが、この教材の元となる「コミュニケーション相談所」という学習です（詳細：14ページ参照）。今回、この学習を改良し、発展させて、ほかの方々の実践アイデアを統合し、まとめて出版することになりました。

　あくまでも、この元となる教材は、著者がかかわった一つのグループの子どもたちに向けて取り組んだものであり、社会性に困難のある子どもすべてに実施しているわけではありません。そのため、以下の点に注意していただきたいと思います。

❶この教材は、あくまで一つの「考え方の切り口」であり、決して万能なものではありません。発達障害や自閉症スペクトラム障害と言っても、知的な機能や社会性の問題の重篤（じゅうとく）さによっては、全く意味をなさないこともあれば、逆効果となる可能性もゼロではないことを、指導者はよく理解しておいてください。

❷ほかの発達障害のための支援アプローチについてもそうですが、この教材を、大人が扱いやすく都合のよい子どもに育てるためや、お説教の道具にするのではなく、本人自身を助けるための手立てとしてください。

❸暗黙の常識、ルールといっても、それが100％絶対に正しいわけではありません。生活スキルやマナーについては、ある程度「こういうものだ！」と教えることができても、対人スキルなどは相手や場に応じて変化するものです。「本当かな？」という視点でとらえ、教材をもとに子どもたちに疑問を投げかけ、話題にしながら活用してください。

❹ぜひとも、単なる知識で終わらない、体験と実感をともなうダイナミックな学びの実践をめざし、この教材を活用していただければと思います。

（中村）

ちまたにあふれる暗黙のルール

ちまたにあふれる暗黙のルール

暗黙のルールとは、はっきりと言われなかったり、教えてもらえない、私たちの日常に潜んでいる「当たり前」となっているルールのことです。

「人前では独り言を言わない」といった簡単なものから、友だちが目の前で大きなため息をついたら「どうしたの？」と声をかけるというような、高度なものまでさまざまです。ちまたには、暗黙のルールがあふれています。そして空気が読めなかったり、他者に無頓着であったり、何かしらの困難がある人たちにとっては、このルールは非常に厄介なものとなっています。

さて、暗黙のルールとは潜在カリキュラム(ヒドゥンカリキュラム：Hidden Curriculum)ともいわれ、「**直接的に教えてもらえないが、知っているだろうと思われているルールやガイドライン**」と定義されています(Myles, Trautman, and Schelvan 2013)。マイルズらの研究グループは、15年ほど前から、社会性などに苦手さがある子どもの支援に「暗黙のルール」の観点を取り入れ、体系化してきており、暗黙のルールの日めくりカレンダーや就労に焦点を当てた書籍も出版されています。

私たちも、SST実践や通級指導のなかで、暗黙のルールに焦点をあて、自閉症スペクトラム障害のある子どもたちへの指導を行ってきました。

当然、子どもの困難の内容や度合い、また、その子どもが生きている環境・文化によって、必要な暗黙のルールは違ってきます。米国での暗黙のルールの指導をそのまま日本で行うことは難しく、いまの日本に合わせた指導を展開する必要があります。

発達とともに理屈で捉えられるようになる

私たちの支援の対象は、小学校高学年から中学生・高校生の年齢層で、発達障害傾向があったり、社会性に困難があったりする児童・生徒です。

なぜ、このような年齢層に焦点をあてるかというと、学齢期後半になると、子どもたちは抽象的思考能力や仮説演繹的思考(「もし〜なら、〜だろう」)ができるようになります。そして、直感で他者の意図や気持ち、周りの状況を理解することに困難のある子どもたち(社会性の困難)にとっても、思考の発達によって暗黙のルールを理屈で捉えられるようになり、社会的状況の理解や問題解決に、暗黙のルールを用いた論理的思考を適用することが可能になります。

つまり、思考の発達が進むので、暗黙のルールを教えやすくなりますし、暗黙のルールを上手に活用し、社会性の不器用さを補っていけるようになるということです。

なぜ、暗黙のルールなのか？

　教育支援や臨床支援において、傾聴や共感、受容だけでは社会性に苦手さのある子どもたちの社会適応や学校適応を支えにくいことがわかってきており、積極的な行動支援が必要とされるようになってきました。そのようななか、子どもの適応や精神的健康に必要なソーシャルスキルを教えようという立場も、近年強くなってきたと思います。

　暗黙のルールは、ソーシャルスキルの知識的側面のことです。知識やルール、スキルばかりを詰め込んでも、なんの役にも立たないと批判されることもありますが、社会性に苦手さがある子どもたちは、そもそも社会的経験の不足や、思考や記憶系の偏りがあり、知識そのものが乏しいことが多いのです。ルールや知識に溺れて、とらわれてしまうことを危惧し、何も教えないというのはナンセンスです。子どもの過剰適応や不必要な知識の教授に気をつけながら、自己発揮や適応のために、暗黙のルールを具体的に教えていく視点が必要とされます。

社会に合わせるのか？
社会が合わせるのか？

　空気が読みにくかったり、他者の気持ちやようすに無頓着であったり、不注意や衝動性が高く「うっかり」が多いような子どもは、暗黙のルールに気がつきにくく、また、理解して自身の知識体系に組み込むこともできない場合があります。発達障害特性が強く、社会性の困難が顕著である場合は、自身の発達障害の診断名を活用し、周りの配慮や特別支援、福祉的支援を利用できるかもしれません。周りの配慮と理解が得られれば、本人が社会のルールを積極的に理解して自立して動き、自身を社会に合わせるといったことはあまり必要ないのかもしれません。

　しかし、多くの場合、障害なのか健常（定型発達）なのかは非常にあいまいで、困難の度合いが軽微で微妙なラインにいると、周りの環境状況と心理的・精神的状態によってもかなり判断が難しくなります。感覚過敏や多動性が顕著で小学校生活ではかなり苦労をし、不適応状態にいた子どもでも、支援学級の利用や中学校進学を機に、刺激の少ない落ち着いた環境になったことで、一気に適応できてしまうということもしばしばみられます。

　社会性の不器用さが軽ければ、社会がその個人に合わせればよいといった観点だけでは限界があり、社会と折り合いをつける方法を身につけるということが望まれます。社会（環境）を変えるか、本人（個人）を変えるかといった対立構造ではなく、社会と個人の折り合いをつけるといった観点が必要になります。

　子どもが環境と主体的にかかわり、自身の課題や問題を自ら捉えて解決していく、必要なときに身近な大人や支援者に相談したり、ＨＥＬＰを求めたりできる、そういった子どもの**主体的な学びや対人関係性を育んでいく**ことが、暗黙のルールの指導でもポイントになります。

（岡田　智）

暗黙のルールの困難の背景にあるもの

どのような社会性の困難がかかわっているのか

　暗黙のルールは、意図せず自動的に、無意識的に学んでいるという意味で"潜在的な"学びといえるでしょう。

　しかし、他者の気持ちやようすに鈍感な人や不注意・衝動性が高い人、言語理解力や知的理解力に苦手さがある人は、周りの状況に隠れているルールに気がつきにくい、理解できない、自身の知識体系に組み込めないということが、往々にして起こります。また、知識として獲得したあとでも、相手や状況に応じてルールを適用し振る舞うことが難しい場合もあります。暗黙のルールの獲得と遂行に関しては、さまざまな困難がかかわってきます。

　支援者には、まずこれらの困難への理解が求められます。

	障害特性	説　明	困難の例
知的能力に関するもの	知的能力 Intellectual function	全般的、総体的な問題解決能力のこと。ウェクスラー式検査では全検査IQなどで推定する	・理解力や判断力の苦手さ ・学習全般の不全感 ・指示理解・集団行動の苦手さ
	言語能力 Verbal ability	言語理解指標や言語性下位検査で測定する。言語による思考力、言語理解力や言語表現力に関係する	・ことばの遅れや語彙の乏しさ ・ことばの理解力や表現力の弱さ ・会話についていけない
	非言語能力 Non-verbal ability	知覚推理指標や動作性下位検査で測定する。非言語的な思考力（流動性推理）、視覚的情報処理、空間把握力のこと	・視覚認知能力の弱さ ・状況に応じた問題解決能力の弱さ
社会的認知能力に関するもの	ジョイントアテンション Joint attention	他者と注意を共有すること。「あれ！」と指差しをしたり、「見て！」と何かを見せたりといった行動が代表的。人の視線を適切に感じたり、集団の中で同じものに注意を向けたりする基礎的な力	・乳児期にアイコンタクト、社会的笑み、指差しが少ない ・他者の反応を参照しない ・他者の反応に気づけない ・他者とは違うところに注目する
	心の理論 Theory of mind	他者の気持ちや考えなどを推測する力のこと。冗談や比喩、皮肉、謙遜などのことばの「裏の意味の理解」にも関係する	・相手の興味関心、考えまで頭が回らない ・他者の感情や意図が理解できない、誤解してしまう ・ことばを字義通りとってしまう

行動コントロールに関するもの	中枢性統合 Central coherence	個々の情報をまとめて関連づけ、状況に応じたより高次の意味に構築していく能力のこと。全体像をイメージしたり、優先順位をつけたり、新しい文脈に応用させたりといった力	• 優先順位を付けられない • 柔軟性がない • 細部に注目し全体像を捉えられない • シングルフォーカス • 応用が利かない
	認知的な柔軟性 Flexibility 切り替え Shifting	状況や相手に応じて、考えや感情などの切り替えを上手に行い、効率的に行動すること。一つのことに固執する、こだわってしまう、変化に対応できないなど	• こだわりやすい • 頑固で融通が利かない • 同じ動作や言動を繰り返す • 恨みや被害感を執拗に持ってしまう
	注意集中 Attention	不注意には、集中の持続困難（一定の時間集中できない）、注意の配分の問題（バランスよく注意を向けられない）、転導性（気が散りやすい）などがある	• 集中が続かない • 話をじっくり聞けない • 忘れ物、失くし物が多い • すぐに気が散る
	衝動性 Impulsiveness	考えずに突飛な行動をしてしまったり、ブレーキが利きにくかったりする特徴のこと。刺激にすぐに飛びついてしまい、熟慮に欠けること	• 出し抜けの発言 • 待てない • すぐに手が出る • 後先考えないで行動する
	多動性 Hyperactivity	落ち着きがなく、そわそわ体を動かしたり、あちこち動き回ったり、多弁であったりすること。低年齢児では離席（立ち歩き）がみられる場合もある	• そわそわと体を動かす • 多弁、過度のおしゃべり • じっとしていない • 走り回ったり、離席したりする

ソーシャルスキルをうまく遂行していくには

　暗黙のルールを理解しにくく、知識として獲得できない子どもたちには、子どもに必要なルールを積極的に明示して教えていく必要があります。その際、教えるルールは子どもの実際の生活に根ざしていて、子どもが必要としているものを取り上げることが大切です。

　ただし、知識として獲得できても、そのルールを参照しつつうまく立ち振る舞えるかどうかは別問題です。

　ソーシャルスキルトレーニングの文脈では、こういった問題を「**獲得の困難**」と「**遂行の困難**」に分けて考えます。知識だけを教えればよいというわけでなく、実際にその知識を基に、子どもたちがスキルを遂行できるように支援していく必要があります。その際に、ソーシャルスキルの産出プロセスを細かく見てみると、支援の糸口が見えてきます。

■ ソーシャルスキルの産出プロセス

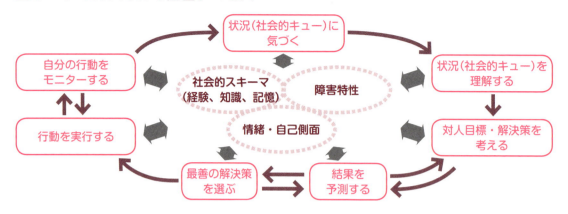

（岡田 2011、水野・岡田 2011を一部改編）

　上の産出プロセスは、相川（2000）のモデルを参考に、筆者が発達障害の障害特性を加味して作成したものです。人が何か行動する際には、まず〈その状況に気がつく〉➡〈理解する〉➡〈どのような行動を起こすか吟味する〉➡〈実際に行動を起こす〉➡……というサイクルで行われていると理解できます。

　ほとんどの場合これらの処理プロセスは無意識的に、自動的に行われています。

社会的スキーマ（暗黙のルール）の影響

　社会的スキーマとは、社会的な出来事に対する知識体系です。つまり、これまで経験したり、学んだりしてきたもの、言い換えれば対人関係や社会生活におけるルール、経験により得た知識を指します。暗黙のルールについての知識はここにあたります。暗黙のルールを知っているかどうかで、「状況の理解」や「結果の予測」などが大きくことなります。

　たとえば、話している最中にあからさまに時計をチラッと見ることは、「時間を気にしていて話を切り上げたい」ことを示しているという知識がなければ、「ただ、時間が知りたかったんだ」とストレートに状況を理解してしまうかもしれません。

障害特性の影響

　社会性の困難のある子どもたちは、知的能力や社会的認知、行動コントロールに関する障害特性があるために、ソーシャルスキル産出プロセスのどこか（多くの場合は複数）につまずきがあります。

　たとえば、廊下の向こうから先生がこちらに向かって走ってくるとします。ジョイントアテンションの苦手さがあれば、先生がこちらに注意を向けるということを感じられないでしょう。心の理論の問題がある子どもの場合は、「勢いよくこちらに来るのは、私のことを怒っているからだ」と被害的にとったり、先生の表情やしぐさから「急いでいる」とうまく読み取れなかったりします。

　切り替えの困難や固執性が強い子どもは、「挨

■ ソーシャルスキルの困難と障害特性の関連の例

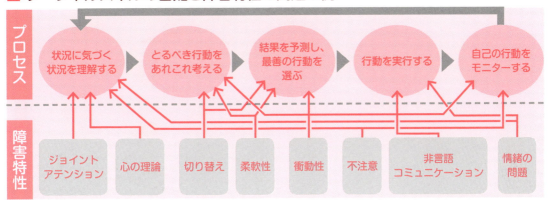

（水野・岡田 2011を参考に作成）

拶は大きな声でする」といったワンパターンの解決策をとったり、「早歩きは走っているのと同じで危ない！」と過度の正義感から注意してしまうかもしれません。衝動性が高く、結果の予測が不十分な場合は、急いでいる先生の状況がわかりながらも、一方的に話しかけてしまい邪魔をしてしまうこともあるでしょう。不注意や衝動性があり、モニタリングがうまくいかないと、自分の行動を微調整できません。

情緒面・自己の側面の影響

また、**ソーシャルスキルの産出には「情緒面」や「自己面」もかかわります。**

人に話しかける自信がなく（自己効力感が低く）、すぐに緊張や不安が生じてしまう子どもの場合は、スキルを実行する際に躊躇してしまうかもしれません。

また、否定的な自己イメージを持っていて他者からの評価に過敏な子どもの場合は、相手が苦笑いしただけで、「自分のことを馬鹿にした」と誤解し、相手とトラブルになってしまうかもしれません。

つまずきに応じた支援

このように、社会的スキーマ、障害特性、情緒・自己の側面はソーシャルスキルの産出に大きくかかわってくるといえます。当然、どこでつまずくかで、子どもへの支援方法は変わってきます。

表情や声の大きさ（非言語コミュニケーション）が上手ではない場合は、ていねいにロールプレイをして練習するなどの支援が考えられます。

どのプロセスでつまずき、どのようなことがそのつまずきに影響しているのかを把握することが、効果的な支援につながります。

他者のようすに気がつかない（ジョイントアテンションや不注意）子どもには、どうすればよいかスキルを与える前に、相手や周りの状況に気づかせてあげる必要があります。

この産出プロセスからも、単に暗黙のルールの理解と獲得を促すだけでは不十分であることがわかります。子どもたちの障害特性に配慮した支援に加え、情緒面や自己の側面のケアや育成を基軸に、暗黙のルールの指導を組み立てていく必要があるといえます。

（岡田 智）

暗黙のルールを通して育むもの

すべての暗黙のルールを教えることはできない

　私たちが知らないといけない暗黙のルールはたくさんあり、さらに、生活している環境やその文化によっても多種多様です。

　セレブリティなママ友集団においては、「イェーイ、今日もノってるかーい」と挨拶することはお下品とみなされ、社会性がないと評価されるでしょう。ですが、幼稚園の先生が子どもたちにノリノリの挨拶をしたとしたら、イケてる先生で社交的と思われるかもしれません。時と場所と相手によって、つまり、その人の生活環境によって、必要とされるスキルやルールはかなり違ってきます。

　世の中には膨大な暗黙のルールが存在しますので、それらをしらみつぶしに教えることには無理があります。まずは、子どもの現在の生活に必要なもの、もしくは近い将来に必要となるものを選んでいく必要があるでしょう。何が必要なのかは、子どもの実態（子どもの状態、特性）とその子どもを取り巻く生活環境（環境因子）、将来の生活環境、そして子ども個人がその環境のなかで、どのように生きているのか（個人と環境の相互作用の在り方）によって違ってきます。

　これらの状況や実態を十分に把握し、支援内容や支援方法を考える必要があります。

　また、一つ一つ暗黙のルールをしらみつぶしに教えていくことよりも、子どもが自身を取り巻く環境と相互交渉し、折り合いながら自ら学び、取り入れていけるように、自身の課題に取り組んで解決していくといった主体性や能動性、「学べた」「うまくやれた」といった自己効力感などを育むことを、暗黙のルールの指導やソーシャルスキルの指導の設定すべきゴールとしたいものです。

暗黙のルールの指導において大切なこと

　暗黙のルールの指導において、重要なポイントはいくつかあります。それは、ほかのページでも触れましたが、子どもたちの社会性の困難や障害特性に応じたものです（26〜29ページ）。

　指導内容や目標については、一つ一つ大切そうなルールをピックアップし、そのすべてを教えていくことは現実的に難しく、また、その分量が多いと大人側の押しつけ感がさらに増していくでしょう。そうした場合、子どもたちは受身的で消極的な行動スタイルを身につけやすく、過剰適応傾向が強まってしまいます。

　子どもが日々の日常生活のなかで、また、この後に続く長い人生のなかで、主体的な学習者として暗黙のルールやソーシャルスキルを学んでいけるように、情緒や自己を育むことも大切な指導内容になります。

■ 潜在的にも顕在的にも掲げる必要がある支援内容

❶うまくできた経験（自己効力感）を積み重ねることで、自身の学びへの動機づけを高めること（自己効力感 ➡ 主体性、能動性）

　ささいなことや、ちょっとした進歩でも、何かうまくできたといった小さな自信（**課題特異的自己効力感**）は、それらが確実に積み重なると大きな自信（**一般性自己効力感**）につながります。一つでもうまくできた、学べたという経験を支援者と共有し、小さな自信を積み上げたいものです。支援者が欲張って、あれもこれも教えたり、たくさんの課題を提示したりすることは避け、一つずつていねいに指導・支援していきます。小さな学びや進歩を子どもと共有していくのが大切です。

❷できること・できないこと、取り組むべき課題、自身の適性などの自己理解を育むこと（自己理解、セルフ・アドボカシー）

　私たちは、ある程度自身の適性によって進路や仕事、生活スタイルを決定し、選択していると思います。困難がある方々も同じで、苦手なことが多く望まれる環境では自己発揮が難しく、過大なストレスをうけることになるでしょう。無理をしていると、精神的な問題を生じるかもしれません。

　たとえば言語表現力や他者とのコミュニケーションが苦手な方が、営業職などのことばを使って売り込みを行うような仕事は、あまりお勧めできません。自身の適性やできること、できないことを、経験を通して具体的に学んでいく必要があります。自己理解ができていると、おのずと、自身が力を発揮しやすい環境を選んだり、環境を調整したりすることにつながっていきます。

❸援助や助言を取り入れること
（自分との折り合い、他者との折り合い、間主観性）

　わからないこと、できないこと、難しいことなどは支援者や家族、友人などにヘルプを求めることができ、その助言を受け入れることは、とても大切なサバイバル・スキルになります。障害が明らかで継続的であり、日常的な支援が必要な方だけでなく、発達障害特性が少なくそれほど困難がない私たちでも、家族や友人、先輩や同僚などの助言や意見を聞き入れ、周りと折り合いをつけながら仕事や生活したりしていく必要があります。多かれ少なかれ、他者や社会との折り合いは望まれることであり、それを支える相互的な人間関係の力は、私たちが育むべき重要な支援内容となります。他者の助言を取り入れることは、「適度な自己受容感」と「他者とともに生きている、調和しているといった自己感」が培われていることも前提となります。

（岡田 智）

認知特性によって違う暗黙のルール

認知の特性によって変わる指導方法

　発達障害のある子どもの認知特性はさまざまです。26ページで社会性に困難のある子どもたちの認知特性について概説しましたが、困難の度合いやその子どもの困難が彼らの生活している環境でどのようなつまずきになっているのかなど、環境面との関連でも大きく考え方が変わってきます。また、認知的な弱さだけでなく、その子自身の認知的な強み、いままでに培ってきた経験、さらにどのような興味関心があるのかでも、指導方法が変わってくると思います。子どもの認知特性に応じたいくつかのポイントを示します。

（1）知的理解力、言語による思考力・理解力

　知的水準が低い子ども（知的障害や境界知能）にとって、具体的でなく生活に根ざしていないルールは、理解しにくく、定着もしにくいものです。認知発達が具体的操作期段階にいる9歳以下の子どもの場合も、ルールを取り扱う場合は具体的で日常生活レベルのものを提示し、子どもが、実際に体験できるものにする必要があります。「ちゃんと掃除する」ではなく、「廊下の掃除係は、ほうきで廊下のゴミを一か所にあつめて、チリトリですくってゴミを捨てる」と視覚的に手順化して示さなければいけません。

　また、理解力が弱かったり、抽象的思考が苦手だったりする子どもには、そのルールが必要な理由を「人にいやな気持ちを与えるから」などと漠然と言うよりも、「ダメなものはダメ」と一貫して伝え、ルールに沿えたときにしっかりとほめることで、適切な行動にたくさん焦点をあてることが必要でしょう。

　抽象的、論理的思考が可能な認知発達水準にいる子ども（高学年や中学生以降であったり、低年齢でも知的に高かったりする子ども）には、話し合って暗黙のルールを特定化したり、そういったルールが必要な理由を論理立てて示したりといった知的操作が入る指導方法を用いるとよいでしょう。その理由や必要性が頭でわかると、すんなりと暗黙のルールを理解し、その知識を基に行動できる場合もあります。

（2）社会的認知能力

　ASD（自閉症スペクトラム障害：44ページ参照）のように、他者の気持ちや考えを直感的に理解しにくかったり、周りの状況に無頓着であったりする子どもたちには、暗黙のルールの獲得と遂行にいっそう困難を示しやすく、社会性を育むことは難航するでしょう。そのため、ASDに特化したていねいな指導方法が望まれます。また、社会性に関する指導内容について

は、十分な吟味が必要です。その子どもが本当に必要としているものは何か、いまどのような内容を扱うべきなのかという観点が常につきまといます。対人不安と視線恐怖が強まっているASDの子どもに、「人としゃべるときは視線を合わせる」といったルールを必ずしも学ばせる必要はないでしょう。仮に、アイコンタクトができるようになったとしても、対人不安や対人的な拒否感をさらに膨らませてしまう結果になると思います。指導方法についても、社会性の困難がある子どもたちに対しさまざまなアプローチが開発され、実践されてきています。視覚化、手順化（スクリプト）、ソーシャルナラティブなどの観点を取り入れながら指導していくことも効果的です。

（3）思考の柔軟性

行動コントロールにかかわる困難として、「思考の柔軟性」「思考や気持ちの切り替え」の苦手さがあります。このような苦手さがある子どもは、一つの考えに囚われたり、あるルールに頑なに固執してしまったり、他者の意見を受け入れなかったりすることでしょう。子どもたちも、暗黙のルールは絶対ということではなく、その時間、場所、その状況で変わってくることを知らないといけません。ただ、思考の柔軟性に欠ける子どもたちは、カチッと型にはまったルールでないとうまく理解できないかもしれません。

こだわりやすい子どもには、そのこだわりやすさを活かしてパターン化して教えるといった方法は有効です。繰り返し経験させたり、同じ手順を意識させたりすることで、確実なスキルの定着化が図れます。

しかし、社会性の困難が軽微である子どもや、知的に高い子どもは、パターン化され整った環境で社会生活を送れることは比較的少ないものです。多くの子どもたちと同様に、柔軟に考え、次々と問題に対処していくことが求められます。小学校の高学年になれば、ルールであっても時と場合によって例外のあることや、問題の解決方法は一つではないことなども指導していくとよいでしょう。まずは、パターンを教えて行動を確立させ、そのあとに、パターンを崩さなくてはいけない状況も経験させます。

（4）注意集中・衝動性のコントロール

ASDとADHDをあわせもつ子どもの場合、社会性の困難はいっそう増し、集団や人間関係での適応状況がより深刻になりやすいといえます。

さらに、周りの空気が読みにくくなり、トラブルも多くなりがちです。何度も言われ、本人もわかっているものの、不注意さや衝動性の強さから、繰り返し同じミスをしてしまう子どももいます。周囲の大人はささいなミスを大目に見てあげること、大切なことは根気強く、怒らずに、その都度本人と一緒に振り返ったりルールを確認し合ったりすることが大切です。

失敗を多く経験していたり、怒られてばかりいる子どもは、情緒や行動の二次的な問題も派生しやすくなります。子どもが叱責されたり、失敗経験がさらに上塗りされたりすることがないように、大人側のかかわり方がとても重要になります。たとえ失敗してしまっても、「次は〇〇してみよう」などと声かけをすることで、"怒られた"という記憶のみを残さない工夫も大切です。

（田邊）

場所によって違う暗黙のルール

■「暗黙のルール」は必ずしも正しいわけではない

通級指導の場では年に一度、校外学習を行っています。校外学習は、電車を利用する、レストランで注文する、金銭や荷物管理をするなど、公共のマナーや社会自立のための生活の力を身につけるのに、貴重な学びの場です。

先日、校外学習に出かけたときのことです。駅でエスカレーターに乗り、子どもたちに左側に寄るように伝えました。皆、素直に左に寄り「素晴らしい！」とほめたところ、ある子が「先生、関西は逆なんだよね！」と話しました。続いてまた別の子が「こんなルール本当はどこにも決まってないんだよ！だから別に守らなくたっていいんだよ！」と話しました（と言いつつ、左に寄っている姿がかわいいのですが〈笑〉）。その子によれば、テレビでこの件を取り上げていたらしく、鉄道会社では安全上、エスカレーターでは歩いてほしくないそうで、このルールを推奨しているわけではないらしいのです。推奨していた地域や時代もあるようですが、現在はその子の言うとおり、「エスカレーターは歩かないで！」と注意のポスターを貼るところさえあるようです。

しかし、それでも「歩行禁止」は守られないそうです。その要因はさまざまあると思いますが、実際に急ぐ人とそうでない人がいて、必要があれば暗黙のルールとなり、マナーや習慣となって定着したものは、なかなか簡単には変化しないのでしょう。

■教師も暗黙のルールへの自覚が必要

このように、本来の意味からするとそれが必ずしも正しいとは限らない暗黙のルールは、日常のいたるところに存在します。

私がかかわる児童が、学校生活において学年が上がりクラス替えや担任替えが行われたときに不安定になる姿がしばしばみられます。それは、1～2年間一緒に暮らすなかで、担任もクラスメイトも「この子はこんな子」「あの子はこうすると怒り出す」など、経験からクラスでの暗黙のルールができあがっていても、クラス替えを機にこれが崩れ、一から作り直しという状態が起こることも要因であると思われます。

校内での情報共有や引き継ぎが重要視されるいま、この暗黙のルールを前担任はどの程度自覚していて引き継げるかというのも、ポイントの一つではないかと感じています。同時に、この暗黙のルールが表面的な適応にとらわれ過ぎていないか、その子に適切な要求になっているのかという視点も忘れないようにしたいと考えています。

ここまで書いたように、自然発生的に生じたり、時にはある意図を持って作られたりする「暗黙のルール」は、その場の人間がどのように考

えるかや、多数派の考えで決まるという側面があります。

そのため、ASD特性がみられる人たちにとっては、もっと理解するのに難しさがともなうのは当然ですが、一方で、「必ずしも多数派が正しいのか？」という問題を、常に指導者は思っていなければならないという「暗黙のルール」に、私たちも気づいているでしょうか。

多数派に合わせることがよいこと!?

以前、私が担当したある児童が、「先生！毎朝、変な時間があるんです」と話しはじめました。「朝の会のときに挨拶をしたあと、曲が流れてくるんです。なんとなく、歌っている人もいて声は聞こえるんですけど、ほとんどの人の声は聞こえなくて、曲が終わるとみんなそのまま座るんです。あの時間は、なんなんでしょう？　歌うのか、歌わないのか、どっちが正解なんでしょう？」というのです。

皆さんはこの話を聞いて、どんな状況か想像できるでしょうか？　これは、6年生クラスの4月の出来事です。5年生のとき、少々落ち着きがなかったクラスの担任が、ベテランの女性から若い男性に変わり、雰囲気を変えようと「朝みんなで歌でも歌ってはじめよう！」とはじめた取り組みでした。

しかし、なかなか子どもたちは乗ってこずに、何とも言えない時間が毎朝流れているという状況だったのです。ここで、私はなんと答えるのが正解なのか、非常に迷いました。「歌う！」というのが担任の先生に対する正解ですが、そのクラスの子ども集団のなかでの正解は、「同じようにやり過ごす」ということのように思われたため、とりあえず「君が迷っているのならば、まだようすを見てそのまま合わせておけばよいのでは？」と助言しました。

その後、担任と連絡をとり、しばらくしてその朝の歌の取り組みは中止されたようでした。

いま、この担任は見事にクラスをまとめ、この子にとってもかけがえのない先生として、最後の1年間を過ごしてくれました。

わかりにくい場面は日常にあふれている

以前、あるCMで金メダリストが「空気なんか読むな！」と熱く語っていました。しかしこれは、空気を読める人間が、「その場の雰囲気や周囲に流されず自分の道を貫け！」と言っているように思え、「そもそも空気って何？」という人にはあてはまらず、また、難解な場面が日常にあふれているなと気づかされました。

ただ、前述した場面で言えば、「歌わないという方が必ずしもあっている」と言うつもりはないことは、わかっていてほしいと思います。

そのようなことも含め、果たして何を指導課題として取り上げるのか？　ということを十分吟味する必要があります。多数派に合わせることがよいなどという、偏った価値観を子どもに押しつけるような指導は、くれぐれも避けたいと思います。

（中村）

年齢段階によって違う暗黙のルール

必要とされる暗黙のルールは変わる

　年齢や心理社会的な発達の段階によっても、必要とされる暗黙のルールは変わってくるといえます。低学年のころは、なんでも先生の言うとおり、規則どおりに行動していれば優等生とほめられていた子どもが、高学年になると規則に従順すぎて逆にクラスの中で浮いてしまい、同じ行動をしているのにと戸惑うことがあります。これは、低学年と高学年や思春期では、求められる暗黙のルールが違うためといえるでしょう。

　通級でのある日、児童Aさんの保護者からこんな相談を受けました。高学年になってから、なんだか学校でうまくいかずにモヤモヤしているというのです。お母さんが言うには、低学年のころは、とくに問題がなかったとのこと。Aさんは、先生の言うことをきっちり守るタイプだったので「ミニ先生」のように「チャイムなったよ！」「静かにして！」と、友だちに規律を守らせるべく声をかけ、当時の先生には「しっかり者ですね」とほめられていたそうです。

　しかし、高学年になると、ほめられるどころか注意されることもあり、戸惑っているとのこと。同じことをしているのに、評価が180度違うのです。

　バレンタインデーでの出来事で、この状況が顕著に表れました。担任の先生はバレンタインデー前日に「学校に関係ないものは持ってきてはダメですよ」とクラスで事前の指導をしていました。

　しかし、バレンタインデー当日、Aさんはクラスの友だちが手作りチョコを持ってきているのを目撃します。もちろん、Aさんは先生に言われたとおり、「昨日ダメだって言われたでしょ！」とみんなの前で指摘をしました。そんなことがあり、その後、クラスでなんとなくギクシャクしているという相談でした。

暗黙のルールへの対応方法は多様

　さて、Aさんの行動はまちがっていたのでしょうか？　本人の頭の中は、きっと「先生の言うとおりに正しいことをしただけなのに」と、「？（はてなマーク）」でいっぱいだったに違いありません。

　後日、通級で「暗黙のルール」についてAさんと話をしました。絵を描いたり、ていねいに状況を理解させたりしながら話しましたが、Aさんはすっきりしない顔。

　きっと、私の説明を聞いても頭の中では「暗黙のルールって何？　見えないルールはどこに書いてあるの？　わからないよ……」と思っていたのかもしれません。そこで、通級を利用する友だちにアンケートを作り、インタビューをしてみることにしました。

インタビュー内容は、「バレンタインデーに学校に持ってきてはいけないチョコを、友だちが持ってきているのを見つけました。あなたならどうしますか？」というものです。友人からは、「見て見ぬふりをする」「1年に一度のバレンタインデーだからね、先生に見つかるから気をつけな！ってアドバイスする」「そんなの言っちゃったら、めんどくさがられるよ。僕はスルーする」「その場では言わず、あとで先生に言う」「その子にこっそり注意する」などなど。

これを聞いて「反応も対応方法もいろいろあるの!?」とびっくりのAさん。アンケートを集計し、どうやら「ルール」には、場合によって例外があるのかもしれないということを、うっすら感じはじめたのでした。

■ 暗黙のルールに沿えないのはまちがい!?

Aさんの行動は、まちがっていません。ルールに従ったまでなのです。

しかし、友人関係のなかに漂う暗黙のルールや、空気を読めないことで、本人が居場所のなさを感じてしまうのでは困ってしまいます。

この出来事は、高学年の複雑になる暗黙のルールの扱いについて、難しさを感じる一場面でもありました。

その後Aさんとは、どうも自分はルールにきちんと従い「つい言ってしまいたくなるタイプ」であるということについて省察し、自分研究をしていくことになりました。

暗黙のルールを知り、その状況に合わせた行動を考えていくのももちろん大切ですが、時と場合にはよりますが「これも私！」と受け入れたり、「まあいいか」と、自己に折り合いをつけたり、周りにも理解してもらうというのも一つかもしれません。

■ 暗黙のルールと自分らしさとの折り合い

「いまよりも改善させ適応させるべき」「指導すべき」という指導者の暗黙のルールに、時として「待った」をかけてかえりみるクールさを持ちたいと日々感じます。特性がある場合、改善することばかりではないからです。「わかっているけどつい……」ということは、大人にもあります。私も「先生はすぐ忘れるタイプだからしかたない」と子どもたちがフォローしてくれたり、受け流してくれたりすることで、かなり助けられています（もちろん、気を付けようと努力しているのですが）。そんな「○○なタイプ」の自分と時間をかけて、気長につき合っていくというスタンスや視点も、一方でもっておくとよいのかもしれないと感じています。

本人の気づきや頑張りと、周りの気づきや変化の折り合いをつけていくことも、大切なことかもしれません。

心理社会的発達と配慮のポイント

Aさんの例のように、同じ行動をとっていても、低学年、高学年や思春期で必要となる暗黙のルールには、かなり差異があり、発達段階に沿った視点での支援が大切です。まずは、そのことを指導者が頭に入れておくことが大切だと感じています。

友だちと趣味を共有したり、親密な友人関係を作ったりすることは、幼児や小学校低学年ではさほど求められませんが、小学校高学年や思春期になると、情緒の安定や健全な自尊感情、社会性の成長のために大切になってきます。

低学年の心理社会的特徴は生産性や積極性を獲得する時期とされています。勤勉性や学業、運動、遊びなどの有能感が焦点となるので、仲間と遊ぶことや集団へ参加することの支援や成功体験の積み重ね、ルールを守ることへの支援が求められます。

高学年では、仲間関係の深まり、自己理解や自己受容が大切になるため、自己や他者との折り合いや理解の支援や興味、関心の合う仲間関係の構築のための支援、社会参加に必要な知識やスキルの支援などが求められます。

下図の心理社会的発達と配慮のポイントに気をつけながら、暗黙のルールの支援をしていくとよいでしょう。

課題と現実のすり合わせが大切

年齢に応じて、求められる暗黙のルールの違いがあることをお話してきましたが、多数派で求められる暗黙のルールとその子自身の段階として獲得すべき、あるいは獲得できそうな暗黙のルールは異なることがあることも事実です。

子ども1人ひとりの実態に合わせ、どう取り上げていくか、現実の課題とすり合わせていくかを考えるのが指導者・支援者の役割であると感じています。

学童期（7歳〜）
- 仲間と遊ぶ、集団に参加することの支援
- 成功体験
- ルールを知り遵守する
- 得意なこと苦手なことの自己理解

思春期（11歳〜）
- 興味関心の合う仲間関係の構築
- ストレスへの対処
- 自己との折り合い
- 自分の長所・短所の自己理解
- 社会参加に必要な知識、技能の習得

（森村）

2章

指導ポイント9

* 1 支援者にとっての暗黙のルール
* 2 ロールプレイング（寸劇）
* 3 言語的教示（具体化・視覚化・手順化）
* 4 プロンプトとフィードバック
* 5 モデリングと仲間関係のダイナミクス
* 6 般化・定着化・連携
* 7 外在化とリフレーミング
* 8 自己理解の支援
* 9 ソーシャルナラティブ・アプローチ

支援者にとっての暗黙のルール

指導ポイント9-1

私たちも学ばなければいけない

　子どもたちだけでなく、私たち大人も暗黙のルールを知り、社会との折り合いをつけていく必要があります。支援場面になれば、学校の教員、心理臨床士、指導員など支援者にとっても、先輩や先達、優れた実践をしている仲間の姿を目の当たりにし、子どもへの接し方や支援の組み立て方などを、なんとなく学んでいることもあるかもしれません。もしくは、指導してくれる先生や先輩がいたりして、直接的に教えてくれる場合もあるでしょう。

　ただ、近年は発達障害臨床や特別支援教育が急展開し、それに携わる人々が急速に増えている一方で、その分野で長年経験を重ね、指導をしてくれるベテランの数が不足してきています。

　ある地域では、通級や支援級教員構成のほとんどを、初任者や特別支援教育の未経験者が占めていました。実績を積んでいる経験者が、新しく加わった人に教えていったり、子どもを目の前にして先達とチームを組んで取り組み(**チームアプローチ**)、新しい人に無理なく担ってもらったりしながら、技術や知識が伝達されていくのが理想ですが、このような状況論的な学びの環境は、特別支援教育の展開とともに急速に衰退しているように思えます。

　そして、「支援者の在り方」について当たり前と思われていることさえも、だれも教えてくれなくなってきている現状もうかがえます。

　筆者らが「支援者の在り方」として先達から学んだこと、子どもたちや保護者のかかわりのなかで学んだ**指導者に必要なスキル**を、少し紹介したいと思います。チェックリストにしましたので、みなさん自身の状況について、セルフチェックをしてみてください。自身のスタンスや癖、取りやすい姿勢などを自己認識しておくことで、支援者としてのよりよい学びにつながります。

チームアプローチ

　小集団指導を行うときは、指導者もチームを組んで役割をしっかり定め、連携をとっていくことが重要です(★「チームアプローチ〈26～27ページ〉」参照)。

指導者に必要なスキル

　ホットな心とクールな頭、学び取る姿勢(省察)など、支援者にも暗黙裡に存在するルールがあります(★「指導者に必要なスキル〈22～23ページ〉」参照)。

★=『特別支援教育をサポートする 図解よくわかるソーシャルスキルトレーニング(SST)実例集』(ナツメ社 2012)

セルフチェック表

下記の質問項目について、ご自身の状況について、下記の4段階で評定してください。
「0．無理」
「1．難しい」
「2．努力している」
「3．ばっちりできている」

- ☐ **1．ラポール*の形成**
  ➡子どもや保護者とラポールの形成を心がけていますか
  　（一方的にかかわったり、受け身的すぎたりしない程度に）

- ☐ **2．侵襲性（しんしゅうせい）**
  ➡言語的メッセージだけでなく、非言語的メッセージも関係性の構築や維持に重要であることを認識していますか？
  　（応答性に乏しかったり、勢いのあるかかわりをしたりということが、時には子どもや保護者に侵襲的になってしまうことを意識していますか？）

- ☐ **3．ホットな心**
  ➡子どもの状況がいくら大変でも、反抗的で言うことを聞かなくても、なかなか支援の成果が上がりにくくても、ホットな思いを持ち続けられますか？

- ☐ **4．クールな頭**
  ➡子どもや保護者があなたを責めてきたり、いたらないところを指摘してきたり、拒否してきたとしても、いやな気持ちに振り回されずに、その相手の状況や自身と相手との関係性をクールに分析し、対処しようとすることができますか？

- ☐ **5．一貫性**
  ➡ルールはルール、ならぬものはならぬ、と一貫した態度でルールを伝えたり、提示したりできていますか？
  　（叱責（しっせき）したり、強い口調で怒ったりすることなしに）

- ☐ **6．柔軟性**
  ➡子どものようすや保護者の訴え、反応に目を向け、耳を傾け、診断名やそのほかの"ラベル"に囚われずに、子どもの生活上の実態を具体的に捉えようとしていますか？そして、その実態に合わせて、自身のかかわり方や活動の組み方を柔軟に調整できていますか？

＊ラポール＝互いに信頼関係でつながっている状態のこと

7．わかりやすさ

☐ ➡子どもの理解力や注意力、認知特性、気持ちの状態、そして、子どもを取り巻く環境面の実態を把握し、環境（支援者の働きかけ、物理的環境、取り組むべき課題など）を調整できていますか？

8．自己理解

☐ ➡大人でも、支援者でも、得意・不得意があり、だれでも個性があることを自覚していますか？　また、自身の短所となりうる特性を把握し、それを補う方法をとれていますか？

9．謙虚さ

☐ ➡人から、「できる人」「偉い人」「尊敬される人」と思われたいというよこしまな気持ちが起きても、それを自覚し、子どもやほかの支援者の前では謙虚でいることができますか？

10．省察的態度

☐ ➡支援者も学びが必要であることを自覚していますか？　つまり、子どもとのやりとりや保護者、ほかの支援者との対話、自身の支援実践の結果などから省察を試みていますか？

　よりよい実践は支援者のよりよい自己理解からはじまります。
　学校の教員でも、保護者や臨床心理士、大学の先生であっても、子どもと同じように私たち自身にも個性があります。時には大きな弱点もあるかもしれませんし、長所もあるかもしれません。子どもたちへの支援をする際、われわれの支援のしかた、考え方、得意・不得意、知識と経験が大きく関与してきます。子どもと同じように、私たち自身も学ばないといけません。下記にセルフチェックの結果の考え方を示しました。参考にしてくみてください。

セルフチェックの結果について

0が多い人	もう少し、支援者の暗黙のスキルを意識したり、努力してみてください。ぜひ、この「指導ポイント9」を読んで、ご自身の体験を統合してみてください
1・2が多い人	今後もこれらを適度に意識し、無理なく頑張ってください。念のため、この「指導ポイント9」を読んでおいてください
3が多い人	もう少し、省察的態度や謙虚さをもつとよいかも知れません

（岡田 智）

ロールプレイング（寸劇）

指導ポイント9-2

ロールプレイングとは

SST*においては、ロールプレイング*(Role Playing)は、最も主要な指導方法といえます。

ただ、実際には発達障害へのSST（ソーシャルスキルトレーニング）の場合、模擬的場面のシナリオを設定し、子どもたちにスキルを練習させることはあまり頻繁に行われません。それは、子どもたちにとって模擬的なものは般化*しにくいこと、実演を促しても子どもたちは乗ってこないことが多いことが大きな理由です。

むしろ、行動リハーサルの観点よりも、子どもたちに問題場面を理解させ、考えさせるといったことを目的に、支援者が準備したシナリオに沿って寸劇（ロールプレイ）を実施するという形で行われることのほうが多くあります。つまり、場面提示のためにロールプレイングが用いられるということです。

ロールプレイングは有効？

しかし、社会性の困難がある子どもたちへの指導のなかで、ロールプレイを行う指導が効果的と聞いたことがある方も少なくないと思います。同時に、いざやってみるとうまくいかないという方も、同じぐらいいるのではないでしょうか。そもそも、ロールプレイングという技法は取り上げ方と対象となる子どもたち次第で、どちらにも転がってしまいます。

ロールプレイを行うにあたり、まずはある場面を取り上げて、大人が寸劇仕立てで子どもたちに見せるというようなことをするとします。

しかし、すでにこの時点で取り上げた場面や状況を理解できない子どもたちがいるのです。それは、じっと見続けられなかったり、聞き続けら

用語解説

SST
（Social Skills Training：ソーシャルスキルトレーニングの略）
集団行動や人間関係を構築するうえで必要なスキルを教えていく、一連のアプローチのこと。ソーシャルスキル指導、社会性指導といわれることもある

用語解説

ロールプレイング
スキルや行動手順に沿って示されたあと、模擬的に役割を演技してみること

般化：
52ページ参照

ロールプレイングで子どもに期待される能力

1 提示される課題に素直に取り組む、劇、場面を見る、説明を聞くといった学習態勢が整っている

2 提示された劇の場面を的確に把握し、自分なりに場面や状況を振り返って説明することができる

3 人前で、自分なりに演じるなどの表現をすることができる

4 課題場面に対して、自分の日常生活と照らし合わせて、振り返ることができる

れなかったりするADHD*傾向のある場合や学習態勢の問題がある場合、ASD(自閉症スペクトラム障害)*の特性が強すぎて、状況理解であったり、注目点がずれてしまう問題だったりする場合もあるでしょう。

このような子どもたちには、その後の授業の展開のなかで「自分でやってみよう!」などというロールプレイは適さずに、授業自体が成立しないでしょう。

そういう点では、「この子どもはどれくらい状況を理解できるのか」といったアセスメント的な要素や、「何が起こったでしょうか?」という状況把握をするトレーニングのような要素を入れて実施することは可能かもしれません。そのため、前もって対象となる子どもたちのレベルを的確にアセスメントすることが重要といえるでしょう。

寸劇を用いるコツ（生活場面の指導も併行）

寸劇(ロールプレイング)は、模擬場面という特質上、ASDなどの「般化」が問題になる子どもたちにとっては、効果がみられないことも多くあります。特設場面を設定して寸劇のみで指導しようとするのでなく、**日ごろの生活場面での指導**、個別での指導の積み重ねも重要だといえます。

ここで、寸劇以外の指導が必要になる、具体的な例をあげてみましょう。高学年のA君が、友だちと遊びたいと思い何度か友だちを「今日遊べる?」と誘います。

しかし、相手の子ははっきり断らず、毎回「わかんない」と答えます。ついにA君は「わかんない? じゃあ、いつわかるんだ!」と相手を責め立てトラブルに発展するという出来事が起きました。この問題を取り上げるにあたり、まずは寸劇を見せました。

用語解説

ADHD
（注意欠如多動性障害／注意欠如多動症）
不注意、多動性、衝動性など、生活のうえで困難がある状態

用語解説

ASD
（自閉スペクトラム症／自閉症スペクトラム障害）
対人関係の難しさや、こだわりの強さから、生活のうえで困難がある状態。高機能自閉症、PDD(広汎性発達障害)、アスペルガー症候群などと言われることもある

寸劇の内容

1 主人公の「赤君」は、友だち「黄色君」と毎日でも遊びたいと思っていた

2 そのため、いつも黄色君を「今日遊べる？」と誘っていた

3 黄色君は「わかんない」と答えていた

4 赤君は「いつわかるんだ！」と聞き返した

5 黄色君は、はっきり答えないでどこかに行こうとした

6 赤君は「いつわかるんだよ！」と怒って黄色君をつきとばした

寸劇で真実を共有する

　寸劇で指導するためには、見た劇から事実文を振り返って拾い出せる必要があります。しかし、ASD特性のある児童の場合は、黄色君が「本当は遊びたくないけど、はっきり断ったら悪いし、怒りそうだからはぐらかしている」といった内面的な問題は拾いきれない場合が多いのです。そのような子どもが、この指導のターゲットとなるでしょう。

　「俺もおんなじこと言われたことがある！　本当ムカつくよね！　いみわかんねえ！」などと同意する子どもも現れます。また、子どもによってはASDの特性を持っていても、自分のことではなく第三者の立場で見せられると理解や推測できる子もいます。ADHD特性のみの子どもは、「要は、避けられてるんだよ！」とズバッと核心をつくような発言をします。

　そのように、それぞれの立場で違う意見を交わし合うことが、学び合いにつながっていくのです。結論は出さずに、授業が進むなかで「黄色君に聞いてみよう！」と話を振り、黄色君の本音を皆の前で表明してもらいました。各自の体験の場での事実はどうであれ、この劇における真実は、一つ共有されることになります。いずれにしても、「怒り出したらますます遊びたくなっちゃうよね」と伝えつつ、「じゃあ、どうしたらいいんだろうか？」と考え、気持ちを抑えてその日はあきらめるなどといった結論になり、それを実際にやってみるという流れとなります。遊びたいという本人の思いや実生活での般化に関しては、ここからさらに環境の調整や働きかけが必要となります。在籍学級担任と連携を図りつつ、実際に相手の子の本音を聞き取ってもらうなどを含め現実の生活に落とし込み、長期的にモニタリングしていくことが効果的な指導へとつながると思われます。

 ヒント

日常の生活場面での指導のポイント

　日常の生活場面での指導は、授業中、休み時間含め、すべての生活場面で実際に起こる課題場面と、リンクさせる必要があります。個別指導の場面では、1対1で第三者的な立場からモニタリングを意識した振り返りをすることが有効です。また、うまくいっていることを確認することも大切です。くれぐれも、すでに指導をしたことを、2度お説教するようなことは避けましょう

（中村）

言語的教示（具体化・視覚化・手順化）

☐ スキルを具体的に学ばせる

発達障害、とくにASD*のある子どもにとっては、「暗黙のルール」に気づかず、悪気なくルール違反をしてしまったり、相手を傷つけてしまったりすることがあります。暗黙裡で明示されていなかったり、曖昧なことがよくわからないためです。そこで、このような子どもたちには、社会性やコミュニケーションに関するルールやスキルを明示された形で**具体的に**学ばせていく必要があります。

SST*の文脈で行われるのは、まず言語的教示（直接的にことばで教えていくこと）というものです。社会性に不器用さのある子どもたちは、日ごろあれこれ大人から口を出され、注意されているかもしれません。

しかし、そのときただ単にあれこれ言ってあげればよいというものではなく、いくつかのポイントがあります。

☐ 視覚化する

まず重要なポイントは、言語理解の弱さや聴覚的ワーキングメモリ、注意・集中の弱さのある子どもに対して、「一度の指示で一つの動作」、"短いことばで**わかりやすく**"伝える」ということです。

しかし、なかにはことばによる教示だけではうまく情報を取り込めない子どももいます。そういった子どものために、**視覚化**することがより重要になってきます。コミュニケーション場面などを、棒人間と吹き出しなどの即興で描ける絵を用いて状況の理解を促す支援方法（**コミック会話***、**マンガ化***）も、よく行われる方法です。

☐ 注意の喚起と刺激の調整

伝えたいことが一目でわかるイラストや文字カード、写真などを用います。できれば、禁止する事項よりも、望ましい行動を示すとよいでしょう。

ASD：
44 ページ参照

SST：
43 ページ参照

マンガ化の例

文献

コミック会話：
『コミック会話 自閉症など発達障害のある子どものためのコミュニケーション支援法』
キャロル・グレイ 著／門眞一郎 訳 明石書店 2005

マンガ化：
『発達障害がある子のための「暗黙のルール」』
ブレンダ・スミス・マイルズ／メリッサ・L・トラウトマン／ロンダ・L・シェルヴァン 著／萩原拓 監修／西川美樹 訳 明石書店 2010

視覚化するというと、カードで示すことのみをイメージするかもしれませんが、教師が実際に例を行動で示すこと（**モデリング***）も視覚化です。

また、注意集中が弱い子どもの場合には、指示や説明をする際にしっかりと注意を向けさせる（**注意の喚起**）ことは、当たり前のようですが、教示の際の前提になります。気がそれてしまうような刺激状況（周りの子どもたち、聴覚的環境、視覚的環境、教示する際のメリハリなど）を減らし、注意をしっかりと向けられるような環境をつくることも重要といえます。

モデリング：51ページ参照

黒板等に掲示

床に置いて掲示

ばっちりカード
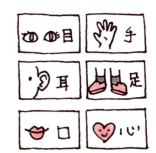

手順化する

ボール運動などの遊びの場面では、ルールが複雑なことも多くあります。そこで、ルールを視覚化することとあわせて、手順を教示することで、子どもが見通しをもつことができ、安心して活動に取り組むことができるようになります。

また、手順表を示すことで、子どもが主体的に活動に参加することが可能になります。周囲の指示をすぐに求めてしまう子どもにとっては、あれこれ大人に言われて指示されて動くことだけですと、さらに受け身的な行動スタイルを強めてしまいます。子どもが自発的に動けるように指導する際にも、手順表は活用できます。

（山下・岡田 智）

指導ポイント9

4 プロンプトとフィードバック

適切な行動をひき出す

　失敗は成功の母といわれますが、発達障害のある子どもの場合、つまずきやすく、失敗ばかり積みあがり、誤学習や未学習のまま、どんどん遅れや不適応が深刻化していきます。

　うまくできるように手がかりをあたえることを**プロンプト***といいます。TV番組で、映っていないところでADがカンペを提示したりしますが、そのようなかかわりのことです。

　不注意があったり、空気が読めなかったりする子どもは、どうすればよいか知っていても、タイミングがわからなかったり、見逃したりします。支援者が、そっと手がかりを与えることで、子どもの適切な行動を促します。静かに聞かないといけない場面でしゃべってしまう子どもに、「しゃべらない」の絵カードを提示したり、教室移動のときに「走りませんよ」と前もって声をかけたりといったかかわりのことです。

　ある程度、ターゲットとなる行動ができるようになったら、プロンプトは減らしていきます。手がかりなしに自発的にターゲットとなる行動ができるようになることが目的です。

用語解説
プロンプト
適切な行動がうまくできるように手がかりを与えるなどして補助すること

成功体験として意味づける

　子どもの行動をほめたり、「〜してごらん」と修正を求めたりすることを**フィードバック***と言います。問題行動のあとに、怒ったり、注意したりすることもフィードバックになります。

　ただ、「それはダメ！」「お礼も言えないの！」などと否定するのではなく、効果的なフィードバックの方法は、指導者は落ち着いた態度で、「"ありが

用語解説
フィードバック
その行動が適切であったかどうか振り返り、ほめたり修正を与えたりすること

とう"と言うといいよ」などと肯定的な言い方で、どうすればよいかを具体的に言うことです。ダメだしや注意することよりも、うまくやれている場面をみつけ、声かけできることが多くなるとよいと思います。

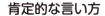
効果的なフィードバックの方法

否定的な言い方　　　　肯定的な言い方

それはダメ！
お礼も言えないの！

"ありがとう"と
言うといいよ

　また、適切な行動がみられた場合は即時に評価してあげる、何についてほめたかを**具体的**に明示することも大切です。抽象的にほめられたり、やみくもにほめられたりした子どもは、プライドだけが肥大していき、適切な自己認知ができなくなっていくため、注意が必要です。

　また、子どもの**年齢や興味関心**などに応じて、適切なほめ方（**強化子***）をしていきます。幼児や小学生低学年の場合は、シールを貼ってあげてもよいですし、高学年や中学生の場合は、みんなのモデルとなるよう、よい行動をみんなに紹介したりすることも効果的です。

　そのほかに、拍手をする、肩を叩く、微笑むといった**社会的な強化子**を使うことも大切です。ポイントを貯めていき、それを特典に換えるといった**トークン強化法**を系統的に用いるのも一つのやり方です。効果的なフィードバックは、その子どもに届くような声かけやかかわりが何かを感じ取れるかどうか、私たちの感度に左右されます。

用語解説
強化子
（強化刺激）
自発的な行動を増加させる刺激のこと

> **コラム　トークン強化法**
> トークン強化法とは、適切な行動に対して、シールやポイントなどのトークン（代用貨幣）を与え、それが一定量に達したら、特定の活動がゆるされたり、特定の物が与えられたりする指導方法のことです。子どもの契約の在り方、強化スケジュールや最終的な強化子など、子どもの実態に合わせて行わないと効果がありません。

（岡田　智）

指導ポイント9-5 モデリングと仲間関係のダイナミクス

 仲間関係のダイナミクス

　小集団で行うソーシャルスキルの指導の利点は、子どもどうしの**関係性を生かす**ことができる点にあります。子どもたちは、関係性のできた仲間とのかかわりを通して、仲間の目や評価をよい意味で気にするようになりますし、肯定的な関係を築こうとする意識も高まります。SST（ソーシャルスキルトレーニング）や暗黙のルールの指導がうまくいくかどうかは、小集団内の仲間関係をどう構築するかにかかっているといえます。

　仲間関係のダイナミクスの一つとして、**モデリング効果**＊があります。他者からの影響を受けにくい子どもでも、同じような苦手さや困難をかかえた子どもたちのグループではモデリングも起きやすく、メンバーが親しい関係であったりするほど、その効果は顕著になります。実際にグループ指導をしていると、子どもが「俺も、あんなふうに頑固だったなぁ」と年下の子を見て自分のことを振り返ることも珍しくありません。

 仲間からの影響は大きい

　また、仲間関係を築けているかどうかは、**精神的な健康**にも影響します。小学校高学年や中学生などの思春期になると、自分に対して懐疑的になったり、仲間からの評価をとても気にすることが多くなります。さらにこの時期の子どもたちは、自分自身の特徴を受け入れ、自己受容していくことが発達課題になるため、仲間からの影響はとても重要といえます。仲間と自分を重ね合わせること、自分もこれでいいんだと確信をすることが大切です。そのため、思春期に適応的な仲間関係が築けないと、自分自身のイメージが不安定になり、自分を受け入れきれなくなってしまうのです。

　年齢が上がると、仲間関係での適応感や同一感はとても重要な役割を果たすといってよいでしょう。指導者は、発達段階も視野に入れて、子どもどうしの人間関係の影響力、つまり、**グループダイナミクス**も把握して指導に活用していくことが望まれます。

　用語解説

モデリング効果

適切なモデルでも不適切なモデルでも、モデルを見ただけで同じように行動しやすくなる現象のこと

　ヒント

グループダイナミクス

　仲間関係や先生、子ども間などで、生じるさまざまな力学のことです。肯定的に影響し合える関係性をどう築くかが、小集団指導の大きなポイントとなります

モデリングのポイント

　モデリングという学習は、そのモデルが適切なものでも、逆に不適切なものでも学びやすいという特徴があります。叩かれて育った子どもは、それがとても苦しく辛いものであったと受け止めていても、暴力を振るう大人のモデルを見ているため、学校などで容易に暴力を振るってしまう場合があるのです。

　そのため、大人は**できるだけ適切なモデル**を示したり、ほかの子どもの**適切な振る舞いに注目させたり**する必要があります。

　SSTでは、問題場面を提示して問題を考えさせ、解決方法を見つけ出させるといった寸劇*が行われることがありますが、その際にも、最終的には適切なモデル提示をすることを心がけた方がよいでしょう。また、異年齢グループの場合は、年長者が年少者のモデルになることは言うまでもありません。年上としてのかっこいい姿、自身の課題に取り組みクリアしていく姿など、よいモデルを年下の子どもに提示できると、年長者の現在の在り方の強化にもなりますし、年少者には一つの適切な在り方を示すことができます。当然、**教師や支援者も子どもたちのモデルとなる**のです。

　完璧で「隙」のない大人は、子どもにとってモデルにはなりにくいでしょう。その一方で、至らないところや不器用なところがあっても、なんとか工夫している姿、柔軟に考えて取り組んでいる姿、人と折り合っている姿を見せられる大人は、子どもにとっても"近しく、取り入れやすいモデル"となるのです。

　支援者側の人間関係、コミュニケーションの在り様を、子どもは見ています。対人関係や社会性の指導を行うときにでも、私たちの在り方が問われるといってもよいのです。

（田邊）

用語解説

モデリング
ほかの人の振る舞いを見て模倣すること。周りの子ども、大人、テレビの登場人物など、身近な人がモデルとなりやすいといわれています。モデリングには、
① 先生や友人の適切な振る舞いを見せるもの
② 問題場面を見せて、子どもに考えさせるもの
の２通りがある

ロールプレイング（寸劇）：
43ページ参照

完璧な大人
完璧で隙のない大人は、子どものモデルになりにくい

不器用でも頑張っている大人
至らなくても、工夫している姿を見せられる大人は、子どもにとってよいモデルになる

般化・定着化・連携

指導ポイント 9-6

定着化するには

社会性指導を行う際には、実際の成功体験を重ねていくことが**般化***、**定着化**につながります。たとえば、生活面の課題として電車の切符の買い方を例に考えてみます。これを一度指導の場で取り上げたからといって「もうできるようになりました」とはいえません。

定着させるためには、「電車に乗って出かける企画を立て、実際に切符を買う経験を重ねる」といった具合に、その後の生活につなげていくことが必要になります。

状況によりうまくいかない場合も

一方、社会性の課題のなかでも対人的な課題については、この方法がうまくいかないことがしばしばみられます。なぜなら、人の反応は千差万別であって、同じ個人でも場面と状況によって反応が変わってくるからです。

A君は**ASD***と**ADHD***特性がみられる6年生の男の子です。担任が思っている彼の課題は、「すぐおしゃべりする」ことでした。

先生の説明中、いちいち反応して勝手に発言し、授業が進めにくくてしかたない状態でした。同じクラスのほかの子どもたちからもうんざりされており、A君のクラスのなかでの立場をこれ以上悪くさせないためにも、担任としてはなんとかこれを止めたいと思っていました。

実際通級指導をはじめると、とにかく自分勝手に話すようすがみられたので、このことをまず指導課題として取り上げようと考えました。

しかし、算数の少人数学級の先生と話したときに、全く逆の話を聞かされたのです。「A君はどんどん発言してくれて本当に助かる！」。話を聞くと算数の少人数指導の授業は、1クラスを4分割し、さらに3クラスが入り混じって行われているため、なんとなくよそよそしく、また、6年生になって挙手して発言するのもためらうなかで、授業の盛り上がりに欠けるという状況だったのです。そんななか、1人だけ

定着化のポイント
①生活場面で実践する
②成功体験を重ねる
③支援者が連携し、さまざまな場面で取り組む

般化
訓練場面だけでなく、訓練以外の違う状況下（場所、相手、時間）においてもスキルが遂行できるようになること

ASD：
44ページ参照

ADHD：
44ページ参照

52

先生の話に反応してくれるA君の存在は、授業を進めるのにとても助かっているというのでした。

　実際に授業のようすを見てみると、A君と算数の先生との2人で会話が進むという一種独特の空間が繰り広げられていました。A君にとっても、心地よい時間のようで、この先生の算数は楽しい！　と話しているのです。

　つまり、2人にとってのこの快適な時間が、かえって彼の指導課題としたい不適切な行動を助長しているのだということに気づかされました。これでは、A君に「勝手にしゃべり過ぎで、上手くいってないよ」と伝えても、「そうでもないよ」という声が返ってきてしまってもしかたがありません。同じ行動が、時には否定され、時には歓迎されるのでは、指導の効果は半減するわけです。

連携が必須！

　さらにいえば、その算数の時間の行動のため、A君は周囲の子どもたちからうんざりされているわけで、担任が心配していた「周りの子との関係」についてもクラスの枠を超えて、学年の子どもたちにまで広がるという大きな心配ごととなっていたのです。

　そこで、担任と少人数算数担当の先生との話し合いを持ちました。算数の先生の、できればもっと多くの子が発言する授業がしたいという考えも確認しつつ、「発言することは悪いことではないが、必ず挙手をして、指名されてから発言する」という決まりを徹底することにしてもらいました。

　同時にそのころ、クラスの女子とA君のトラブルが起こりました。内容は「うざい！」と言われたことに腹を立てたA君が怒ったということでしたが、相手に理由を聞くと、いつも1人で勝手にしゃべっていることが「うざい！」の理由であったため、うざいと言うのはよくないことを女子には指導しつつ、A君にも勝手に話すのではなく、手を挙げることを心がけようと担任から指導しました。

　そのような対応を徹底していくなかで、本人も勝手に話したときには「あ！」と気がつくようになり、改めて挙手し直すような場面もみられるようになっていきました。最終的には、場面や人によってそのような行動を使い分けられることが望ましいですが、当面のターゲットとしては他者の反応を環境として調整するといった連携が必要となります。

連絡ノート

コミュニケーションの教室より
授業中に勝手に話してしまう場面がまだありますが、声をかけると、「あっ」と気づき手を挙げ直すようすが3回ほどみられました。話す場面と話さない場面を意識できるようになっています。

家庭より
いつもありがとうございます。先生のところには、毎回喜んで行っています。土曜日に親戚の法事がありましたが、事前の約束もあり、静かに参列することができました。

（中村）

外在化とリフレーミング

問題の外在化

　発達障害のある子どもは、集団生活になじめなかったり、人間関係でつまずきやすかったり、問題行動として顕著に表れることがあります。そのため、劣等感を募らせて自信喪失や自己否定的な感情をもち、自分を責めてしまう傾向がみられます。長くこうした状況が続くと、抑うつなどの症状を引き起こすこともあります。問題行動が起きると、だれに原因があるのか探ることがありますが、だれかの責任として原因を突き止めようとしても、解決への道筋はなかなか見いだせないでしょう。子どもは自分を責め、うまくできない保護者も指導者もまた、自己や他者を責める構図ができてしまうことがあります。そうした状況になってしまったとき、**問題の外在化**＊という発想が有効な手段の一つとなります。

外在化を用いた活動

　責められるのは、あくまでも「問題行動」であって、子ども本人でも、保護者でも、そして指導者でもないということです。
　たとえば、イライラしてつい手が出てしまう問題行動を「イライラ虫」のしわざとして問題を外在化します。イライラ虫をキャラクターとして考えたり、絵を描いたりするのも一つの方法です。
　そして、どんなときにイライラ虫が出るのか考えたり、弱点を分析したりすることで問題を客観視することが可能になります。対応方法をみんなで考えることで、関係者が連携して問題行動に向き合うことが可能となります。忘れ物をよくするタイプの「忘れんぼうず」、宿題に時間がかかるのんびりタイプの「だらだらキン」、心配性タイプの「なきむしゴースト」など、子どもたちと一緒に楽しんでネーミングを考え、外在化できるとよいでしょう。

用語解説

外在化
問題を一度自分とは切り離し、外側に位置させて「自分」と「問題となっている行為」とを分けて扱う発想

文献

外在化を用いた活動：
『特別支援教育をサポートする 図解よくわかるソーシャルスキルトレーニング（SST）実例集』ナツメ社 2012
マイコップ君トーク（141ページ）／表情シンボル（144ページ）／気持ちの温度計（145ページ）

『CD-ROM付き 特別支援教育をサポートする ソーシャルスキルトレーニング（SST）実践教材集』ナツメ社 2014
自分研究所・キャラクター化（141ページ）

リフレーミングで見方を変える

　発達障害のある子どものなかには、失敗体験を重ねるため自己に対し否定的にしか考えられなくなる子どももいます。「どうぜぼくなんか……」と、悲観的な考えが頭から離れなくなってしまうのです。

　同じ出来事が起きても、人それぞれに見方や感じ方、気持ちやとらえ方が違います。**それぞれの枠組み（フレーム）で判断する**ので、ある人にとってはよい出来事でも、ほかの人にとっては逆の出来事にもなります。そこで、フレームを取り換えて、別の視点から見るようにするのが、リフレーミング*という方法です。

　同じ物事をさまざまな角度から見たり、見方を変えてみると考え方の枠組みが広がれば、すこし楽にとらえることができるようになるかもしれません。

　このとき、**考え方やとらえ方の整理を行う**ことと同時に、**見方を変えて**リフレーミングしてみることと、うまくできた体験を積ませ、行動面での変容も経験させていくことも大切です。

　また、支援者側にもリフレーミングの視点が必要です。問題行動にばかり目がいくと、本人の強みに気がつかないことがあります。「注意しすぎる」と思っていた子どもをリフレーミングしてみると「正義感が強い」といえることもあるでしょう。「おしゃべり」な子は「活発、社交的」とも言い換えられるかもしれません。リフレーミングして、子どもの強みが見えてくると、活用できるリソースが増えて支援の方法が広がることがあります。

　子どもだけではなく、時には支援者側が見方を変えてみることも必要なのかもしれません。

（森村）

文献

リフレーミングを用いた活動：
『CD-ROM付き 特別支援教育をサポートする ソーシャルスキルトレーニング（SST）実践教材集』ナツメ社 2014
ネガポ・バスケット（136ページ）

用語解説

リフレーミング

固定化した物事への見方や感じ方、とらえ方といった枠組み（フレーム）を取り換えて、物事を別の視点から見るようにし、考え方の枠組みを広げること

おしゃべり・うるさい　→　社交的・明るい・活発

静かにできず、おしゃべりが多い子どもも……

見方を変えれば……

活発で社交的という「強み」が見えてくる

指導ポイント 8

自己理解の支援

他者との間で育む自己理解

　私たちは、他者が鏡となって自分の在り方や行為を反映し、他者とのかかわりのなかから自己理解を育んでいきます。発達障害、とくにＡＳＤのように社会性の苦手さがある場合は、他者とのかかわりも薄くなりやすく、相互の経験も少なくなって**自己理解が育ちにくい**傾向になります。

　また、発達の課題があると、日常でのつまずき体験も多く、得意なことよりも苦手なことが目立ちやすくなることがあります。失敗が多く、劣等感を抱き、**自尊感情***を損ないやすいともいえます。

　このような状況が続くと、抑うつ、ひきこもりなどの症状にいたる場合もあります。

　自分の課題を肯定的に受け止め、苦手なことも得意なことも含めて自己をとらえられるように、子どもと指導者や、子どもどうしのかかわりを、ていねいに育むことが重要になります。

> **用語解説**
>
> **自尊感情**
> 自分自身を価値ある存在と思う気持ちのこと

大切にしたい指導のポイント

1 学びの当事者として

　特別な指導を受ける際には、なぜ支援が必要で何を学ぶべきなのか、どうすればよいのかを、支援者と子ども、保護者で共通理解しておくとよいでしょう。

　そのためには、指導への動機づけを行うことが必要です。普段から、周りの大人が本人の困っていることに共感して気持ちや考えを言語化したり、自己を肯定的に受け止め語り合える関係性を築くことが重要です。そのことが自己の特徴を理解し受け止めていくきっかけとなるでしょう。

2 具体的な体験のなかでのフィードバック

　日常のなかで、子どもの変化や成長を共有し、フィードバックしていくように心がけます。保護者や担任の先生と、子どもの頑張っている部分の共通理解を図ったり、話題にしたりするのもよいでしょう。

　また、同年代の発達障害の仲間関係から学びを得るために、グループ学習も有効です。とくに思春期には、仲間関係、同年齢の仲間との関係のなかで肯定的な自己理解を育めるように、小集団などで意図的なプログラムを体験することも有効です。安心できる仲間関係のなかで、自分自身の在り方について考えたり、仲間を通じて自分に気づいたりしながら、自己理解や自己受容*を進めることが大切といえます。

当事者研究のアプローチ

　当事者研究とは、課題を抱える当事者が、自分の困っていることに向き合い、分析し対処方法を考えるなど、仲間とともに「研究」する取り組みです。「自分研究所*」という活動では、自分の困っていることを分析し、タイプやキャラクター、対処方法を考えます。困っていることを、一旦自分と切り離して外在化し、客観的に俯瞰する視点をもてるようにします。研究、実験なので、失敗は成功のもと。そんなふうに思えるのも「自分研究所」のよさかもしれません。

（森村）

用語解説

自己受容
自分のよい面も悪い面も含め、ありのままの自分を認めて受け入れること

文献

『発達障害当事者研究—ゆっくりていねいにつながりたい』
綾屋紗月／熊谷晋一郎 著 医学書院 2008

『CD-ROM付き 特別支援教育をサポートする ソーシャルスキルトレーニング（SST）実践教材集』
ナツメ社2014
＊自分研究所・キャラクター化（141ページ）

指導ポイント9 ソーシャルナラティブ・アプローチ

ソーシャルナラティブとは

　ソーシャルナラティブとは、社会的なかかわりや社会的行動に対する適切な反応を、物語を用いて説明したり、教えたりするアプローチ方法です（マイルズら　2010）。社会性に困難がある子どもは、社交的な出来事について、定型発達の人とは異なった受け止め方をしたり、出来事の因果関係や背景を理解できなかったりすることがあります。特定の状況を本人の視点から捉え、個人に合わせた文章や物語にして説明することにこの方法の特徴があります。

ソーシャルストーリー™

　この手法の一つに、「ソーシャルストーリー™」があります。これは社会性に困難のある人を対象に、特別に定義された文型によってその場にふさわしい方法や物事の捉え方、一般的な対応のしかたはどういうものかということを踏まえて、状況や対応方法、その場に応じた考え方を説明する教育技術のことです（グレイ 2006）。

　子どもがもっとうまく対応できるように**必要な情報を理解できるようにすること**を目的としますので、大人が一方的に作成したり、子どもだけに作成を任せたりしても、効果は薄いといえます。**子どもと話し合いながら**作成していくことに意味があります。支援者は彼らの学習スタイル、能力、興味などを彼らの視点に立ち理解しようとすることが必要になるでしょう。実際にストーリーを作成するタイミングですが、子どもがパニックや感情的になっているときではなく、落ち着いて話し合いができるときがよいとされています。ソーシャルストーリー™の文型は「**事実文**（だれかの意見や先入観のない正確な事実）」「**見解文**（人の知識や考え、感じ方、信念）」「**指導文**（どのように対応したらよいかの選択肢を示し、穏やかに指示するような内容）」「**肯定文**（前後の文章の意味を強調する効果のある文で、その文化圏で一般的に共有されている価値観や意見）」を基本とします（グレイ 2006）。

文献

『発達障害がある子のための「暗黙のルール」』
ブレンダ・スミス・マイルズ／メリッサ・L・トラウトマン／ロンダ・L・シェルヴァン 著
萩原拓 監修／西川美樹 訳　明石書店 2010

『お母さんと先生が書くソーシャルストーリー™』
キャロル・グレイ 著／服巻智子 訳
クリエイツかもがわ 2006

ソーシャルナラティブを用いた支援

筆者らは、ソーシャルストーリー™（グレイ2006）やソーシャルナラティブ（マイルズら2010）を参考に、①タイトル文（テーマ）、②状況文（起こっていること、事実）、③気持ち文（そのときの感情や考え）、④お助け文（他者の視点・感じ方、一般的な見解）、⑤方略文（どうしたらよいか対処方法）、⑥解決文（望ましい結果）を基本文型として設定しています。子どもの訴えや捉え方、そして、認知能力や社会性の発達水準、生活経験に応じて、子どもと一緒に話し合いながら柔軟に作成することが望まれます。

実践実例：
74ページ〜参照

ソーシャルナラティブの文型 ＊具体例の詳細：77ページ〈図2〉参照

1 タイトル文（テーマ）
具体例：「クラスメイトに挨拶します」

2 状況文（起こっていること、事実）
具体例：自分は挨拶されても気がつかないことがあるみたい。無視したって言われて悲しいな

3 気持ち文（そのときの感情や考え）

4 お助け文（他者の視点・感じ方、一般的な見解）
具体例：「集中していたからしかたないよ。何かよい方法はないかな？」と言われた

5 方略文（どうしたらよいか対処方法）
具体例：みんなで相談

6 解決文（望ましい結果）
具体例：挨拶に気づくことができた！

シナリオ（寸劇）を用いた支援

問題場面や課題となる場面のシナリオを支援者が作成し、その簡単なお話を支援者が寸劇を通して子どもたちに見せ、問題点や望ましい振る舞いなどを考えてもらうこともよく行われます。子どもたちの状態によっては、自分たちで暗黙のルールに関するお話（シナリオ）を作成し、寸劇を披露したり、パソコンのプレゼン用アプリなどで、スライドショーを作成・発表したりすることもできるでしょう。

ただ単に、問題場面を切り出して提示するのではなく、登場人物のおかれている状況やキャラクターの特徴、一連の状況を簡単な物語にすることで、子どもの興味を引き付けて動機づけたり、暗黙のルールの定着（理解と記憶）をスムーズにしたりします。

活動ネタ：
14ページ参照
指導ポイント：
43ページ参照

絵本を用いた支援

　幼児期の子どもの療育支援では、絵本の読み聞かせを大切な活動として行うことが多くあります。幼児用や小学校低学年用の絵本でも、内容によっては高学年や中学生に活かせるものもあります。友だちづき合い、協力することや他者とのかかわり、気持ちの切り替えや気持ちの自己認識について扱った絵本も多くあります。それらの絵本を皆で読みながら、登場人物の気持ちや状況、問題場面などを話し合っていきます。

　ディスカッションを通して、登場人物に必要な暗黙のルールや大事なスキルを検討していきます。最後には、自分たちの日常経験と結びつけて考えていきます。

　「なかなおり」（ゾロトウ作　童話屋）という絵本を用いた中学生への実践事例をあげてみます。この本のストーリーは「パパが出勤の際にキスを忘れたのでママは息子にやつあたり。息子は姉にやつあたりと次々とけんかが伝染していくが、それを止めたのが犬のパジィ。1人の機嫌が直ると、あっというまに仲直りが伝染し、最後はママは帰宅したパパにキスされて、ハッピーエンド」というもので、以下のように活用しました。

文献

『なかなおり』
シャーロット・ゾロトウ 著／アーノルド・ローベル 絵
みらい なな 訳
童話屋 2008

『けんか』
シャーロット・ゾロトウ 著／ベン・シェクター 絵
みらい なな 訳
童話屋 1997
〈この本には、怒って、けんかして、心配になって、仲直りして…と、友だちとの関係においてさまざまな気持ちが起きることが描かれています。気持ちの認識や友人とのトラブルの解決などがテーマになる絵本です〉

読み聞かせの実例

（1）「気持ちの切り替え」が今回の授業のテーマであることを説明する
（2）「なかなおり」を読み聞かせる
（3）それぞれの場面の登場人物の気持ちについて考える
（4）なぜ、登場人物の気持ちが切り替わったのかを自由に話し合う
（5）子どもたちや支援者の切り替え方法について意見を出し合う
（6）「暗黙のルールカード」のコーピングスキル⑤⑥⑧⑩などを用いて、「相談する」「好きなことをする」「リラックス方法」など切り替え方法について提示し、どの方法が自分には効果がありそうかを話し合う
（7）保護者の切り替え方法をインタビューしてきてもらい（宿題）、次回報告してもらう

（塚本・岡田 智）

3章

実践事例

* 事例1　小学生への通級指導による実践①
* 事例2　小学生への通級指導による実践②
* 事例3　中学生への特別支援学級における実践
* 事例4　中学生へのカウンセリング面接を通した実践

事例1 小学生への通級指導による実践①

コミュニケーション相談所

事例

高学年グループの継続指導の実践
- 指導者3名
- 4〜6年生児童7名
  ADHD特性＋ASD特性

児童の実態

学級は4〜6年生の7名のグループです。

ここで紹介する実践は、低学年時から積み上げてきた学習態勢の指導のあとに、対人的な問題を寸劇を通して考える形で行った実践です。

通常学級の担任から、子どもたちを叱らないようにしたい一方で、トラブルが多く、叱らざるを得ない場面が出てきてしまうという相談がありました。なかでも一番問題なのは「うそをつく」ということでした。そこで、通級指導のなかで以下のような指導を実践しました。

実践事例1
カードの格言を使った指導①

格言1（カード：98ページ）
「コラーっ うそを重ねて／コラ！ コラ！ コラ！」

カードの格言を使い、先生が寸劇を行いま

す。設定は「これ以上怒られたくない」と決意した「赤君」を中心に進みます。

シナリオ
1. 赤君は子どもたちに対し「怒られない凄い方法を見つけたんだ！ "うそをつく" ってこと」と話します。
2. 赤君は、学校にゲーム機を持ってきて、友だちの「黄色君」に攻略法を聞こうとしたところ、恐怖の「青先生」に見つかるという場面に出くわします。
3. そこで赤君が「みんな、どんなうそをついたらいいんだ！」と子どもたちに投げかけます。

この劇を観て子どもたちは次々に手をあげ
「なぜかポケットに入っていました！」
「昨日ズボンに入れたままにしちゃいました！」
「落ちていました！」
「黄色のせいにすれば！」
など、口々に助言しました。それぞれの助言どおり、赤君が劇の続きをやってみますが、やはり怒られ、「余計怒られたじゃないか！」と問い返します。

すると、1人の子どもが「やっちゃったことは、認めるしかないんじゃない？」とつぶやきました。再度、その設定で寸劇を行いましたが、また、赤君は青先生に怒られてしまいました。「でも結局は怒られるじゃないか」と赤君は訴え

ます。その言い分について皆で考えました。
　このとき、劇では怒られ方の度合いを意識的に変え、どっちの方が激しく怒られていた？と振り返らせました。板書で、怒られたことを×の数で表し、素直に認めた方が、バツが一つで済むことを確認します。そして、今日の格言

コラーつ　うそを重ねて／コラ！　コラ！　コラ！

を皆で唱えました。
　その後、振り返りで、「あなたはこんな経験がありますか？」という問いに対し、「でも俺、うそついたら怒られずに済んだことも結構あるよ」という答えを書いた子どもがいました。それを全体の場で取り上げると「そうそう、俺も！」という声が口々にきかれました。
　ここで私たち指導者が気づかされるのは、彼らには彼らの日常があり、その経験のなかで、さまざまなことを学びながら彼らなりに必死に生きているということです。実際に彼らのような子どもたちとかかわったことのある方々は、容易に想像できると思いますが、彼らの日常には、事の大小はありますが頻繁にトラブルが起こります。そのなかで、大人の目の前で起きたものについては対処できますが、休み時間、放課後など、見ていない場面で起きたことについては、きれいに解決できないことも多々あります。彼らの生活全体から言えば、こちらの方が多いのかもしれません。
　つまり、心ある指導者であれば、頭からその子を疑ってかかることはしないわけであり、それは「うそをつくことで逃れられる」という意図しない誤学習を重ねているからなのかもしれないのです。また、残念なことに、「またお前か！」と、悪くもないのに叱られるということも少なくないのが現実にあり得ることを知っておく必要があります。

　子どもたちは「うそをついてはいけない」などという「有り難いお話」をいやと言うほど聞かされてきており、個別で「言って聞かせる」などということはもちろん、この指導を行ったからといって、改善するほど甘くはありません。この指導は、あくまでも布石にすぎないのです。
　そのようななか、ある子どもについてこの指導のようすを在籍学級担任と共有し、この時点での実態として「本人はもう怒られたくないと思っていること」「トラブルは起きるもの」といった現状を整理しました。
　結果、ターゲットとする課題を「トラブルを起こさない」ことではなく、「うそをやめる」ことと確認し、トラブル処理の場面をどう取り上げるかを詳細にシミュレーションしました。
　具体的には、トラブルが起きたときに

①正直に出来事を振り返れた時点で「うそをついていないこと」をほめる
②次に、謝罪するなど「できたこと」をほめる
③最後に「怒られていないことを意識させる」

という指導を繰り返しました。また、うそをついた場面ではそのことについて、少し厳しく叱ることを徹底しました。通級では在籍学級担任に記入してもらっていた毎日のがんばりカードに「失敗を正直に認める」という項目を追加し、そのカードを元に、できていることをシールを貼って評価していきました。それにより「うそをつくこと」については、問題が激減するという改善がみられました。

このように、行動分析の視点を用い、彼らの周辺で起こる実際の対応を、彼らに合わせて変化させることによって、行動を修正していくという方法が効果的に成功したケースだと思われます。

実践事例2
カードの格言を使った指導②

格言2（カード：94ページ）
「丸くなれ　確かにいわれたことばでも／
　　　　　　　前後考え意味を知る」

　もう一つ、格言を使った寸劇の指導を紹介します。これは、ASD特性の子どもにしばしばみられる「字面通り受け取る」ということに対しての布石となる格言です。寸劇は教師扮する赤君の「俺は言われたとおりのことをしているのに、なんで怒られるんだ！　おかしいだろ！」という訴えからはじまります。

シナリオ

❶赤君は
①「丸くなって座って」
　と言われ、自分がまん丸くなろうとする
②「その辺にかたまって座って」
　と言われ、カチカチに固まる
③「そこの壁に立って」
　と言われ、壁に垂直に立とうとする
④「くつ脱いで」
　と言われ、「僕のは上履きです」と答える
❷そのような行動を繰り返す赤君に「お前なめてんのか？」とキレる先生。ついには「先生をなめたら汚いです」と返し、「お前なんか知らん！」と言われれば、「忘れたんですか？　出席番号1番赤です！」と怒涛の反応をします。

　さすがの子どもたちも、この寸劇にはなんだかコントを見ているような気分になります。
　劇が終わったところで「赤君は何が違うの？」と問いかけると、「意味をまちがえている」という意見が出てきました。そこで子どもに「この場合、一般的には〜という意味だよ」という話型を示し、再現された劇中の赤君に、場面を止めて教えてあげる役を子どもが順にやるようにしました。
　最後に格言を唱え、振り返りで「あなたはこんな経験はありますか？」という問いに、それぞれが記入します。ここでも、子どもによってさまざまな反応がありました。
　「赤君はまちがっていない。先生の説明が足りない」と答える子どもや、実際に似たようなようすがあるが、「自分には心当たりはない」と答える子ども。「自分もたまに意味がよくわからなくなるときがある」とか、「自分はないけど、○○君みたい」とほかの通級児のことを指摘する子どももいました。
　この指導のあとで、同様な場面が起こった際、あげあし取りのような引っかかり方をしてくる子どもに、「確かに先生は〜って言ったけど、この場合、一般的には〜という意味なんだよ」ということばで返すとともに「丸くなる〜」の格言を示し、「君は勘違いしやすい人かもしれな

64

いから、前後を考えて意味を知るようにしたほうがいいね。いつでも質問してね」といった具合に、返答するようにしました。

　このことを在籍学級担任にも伝え、同様の対応をしていくことで、対教師との「言った、言わない」のトラブルが減りました。友だちどうしのトラブルでも、同様の勘違いを処理する際に、本人も納得できる共通の「切り口」をもつことができたため、解決がスムーズになってくるという変化が起こりました。

指導が成り立つ条件

　二つの事例を取り上げましたが、指導が成り立つ条件として以下の4点があげられます。

　まず第1に、指導の場のグループの雰囲気や対教師の関係のよさが欠かせません。この指導に登場する「赤君」は子どもたちのちょっとした仲間であり、そうあるためには、その先生は好かれていなければなりません。子ども自身が、なんとなく「自分のことかな？」と思いつつも参加できる、生産的な関係が土台にあると思われます。

　第2に、子どもたちの学習の積み上げです。前述したような学習態勢がある程度定着していないと、劇を見ていられないなどという初歩的な問題が起き、指導が成り立ちません。また、自分の苦手なところや、失敗経験を語れるような段階であることが望まれます。

　第3に、何より必要なのは、同様の特性を持っていたり、このメンツだと自分を出せるという仲間意識をもつ関係であることです。

　どちらの事例も、彼ら独特の思考や経験からくる正直な意見が交わされるなかで指導が進んでいくようすが伝わったのではないでしょう

か？　そんな仲間に言われる、「やっちゃったことは認めるしかないんじゃない」とか「お前みたいじゃん！」ということばは、絶妙な重さで彼らに届きます。

　最後に、在籍学級担任との連携です。在籍学級担任が、彼らの独特な思考や行動をいかに理解してくれるかはもちろん、日常の学級経営のなかで多様性を認める姿勢を持っているかどうかは、彼らの穏やかな日常にとって大きいことです。そのなかで課題を見出し、通級に伝え、課題を取り上げ学ぶ。教師や周囲の子どもが調整するものもなかにはありますが、彼ら自身が調整して変えていくことが、大きな成長につながっていくと思われます。改めて通級という場の意義と醍醐味を実感するときです。

(中村)

解説　格言での振り返り

　この実践は、暗黙のルールを「格言」として取り上げ、子どもらが直面する日常の課題に迫っています。子どもの生活上の課題を、先生と子どもでしっかりと共有しており、なおかつ仲間関係のできている通級の小集団指導ならではの実践です。彼らの特性を考え、怒られるポイントを「視覚化する」「問題を外在化する」ことで、自己の行動をポイントを絞って振り返ることができています。自身の問題とも、よい距離感と客観性を持たせることができています。特性ゆえにすぐにはうまくいかないこともありますが、彼らの心にしみわたる指導となっています。

(岡田 智・山下)

事例2 小学生への通級指導による実践②
マイナス場面をプラス場面に変える

事例
高学年グループの継続指導の実践
- 指導者1名
- 4〜6年生児童8名
  ADHD特性＋ASD特性

児童の実態

高学年のASD、ADHD傾向の課題のみられる8名が所属するグループです。

低学年から指導を積み上げている子どもたちですが、決して弱いタイプの子どもたちではないので、個々の特性ゆえに失敗した経験も数多くあります。また、在籍学級の子どもたちのなかでも、その子のイメージやキャラクターが固定化してきており、それに対し悩みや不満を抱えている子どももいました。

この学級は、年度のはじめに特設された社会性の課題を扱う「コミュニケーションの時間」のなかで、寸劇を見て状況を考えるという活動（62ページ参照）を行いました。このグループへ、新たに寸劇で対人的な課題を取り上げた実践を行いました。

セッション1
カードの格言を使った指導

格言（カード：107ページ）
「人づきあい　積もり積もっていまがある
／自分を変えて　信頼回復」

シナリオ
寸劇では、教師扮する「赤君」が、6年生になり心機一転、やる気満々で運動会の応援団、リレーの選手、スポーツ少年団のキャプテン、代表委員など、なんでも挑戦しようと思うが、全て落選してしまいます。
納得がいかず暴言を吐き、やる気をなくしてしまうという相談を子どもたちに持ちかけます。そして、それぞれの場面で必ず言われるのが「君は、"そんな"だから無理なんだ！（任せられないんだ！）」の一言。

これを見た子どもたちから、一様に「せっかくやる気になった赤君がかわいそうだ！」との声があがりました。ここで、「ところで"そんな"ってどんななの？」との子どもたちへの投げかけから授業が展開します。
ある子どもは、「きっと、赤君はこれまでも、いまみたいに自分の思いどおりにならないと怒りだしてきているから、任せられないってことじゃないかな？」と推測する発言をしました。

また、「それはわかるけど、せっかくやる気出してんだから、やらしてあげればいいのに！」と肯定的にみてくれる子どもも現れました。

これに対して、ASDがあるA君は「"そんな"って何？　よくわからない。だいたい、あとから文句を言ったりしていると選ばれないということを言うのはズルイ！　それだったら、先に言ってくれればいいのに！」と反応しました。そんな意見を交わしあい、このような場合はどうしたらよいか、みんなで格言を決めました。

人づきあい　積もり積もっていまがある／自分を変えて　信頼回復

この格言を確認し、この日の指導は終わりました。指導のなかでA君は、「俺もよくこういう経験ある。だいたい何かを決めるとき、一番やる気があるのはまちがいなく自分なのに、多数決や投票をすると、そんなにやる気はないくせに普段適当にみんなとつき合っている、人気のある奴に決まっていくんだ！　多数決や選挙なんて大嫌いなんだ！」と話しました。

私はこの子に、「要は、君もみんなから1票もらって選ばれたいんだね！」と聞くと、「うん」とうなずいていました。その指導の直後、給食の準備時間に頼まれた仕事をいやがらずにやってくれるA君に対し、「1票！　先生はいまのA君の行動に1票入れるね！」と言いながらほめると、本人もうれしそうな表情を見せるようになりました。

セッション2
「1票！　そりゃナイッスゲーム」

次の指導では「1票！　そりゃナイッスゲーム」という活動を実施しました。これは、よい行動には「1票！　カード」が出され、不適切な行動には「そりゃナイッスカード」が出されるというゲームです。ただし、「そりゃナイッスカード」を出されても、素直に非を認め修正すると「ナイスカード」に変化するという内容です。

この活動では、まず「1票カード」により適切な行動を認め、その行動を増やしていくことをめざしました。

一方で、「そりゃナイッスカード」が「ナイスカード」に変わるという仕組みについては、学年が上がり、これまでにどうしても注意を受けることが多かったADHD傾向の子どもたちが、

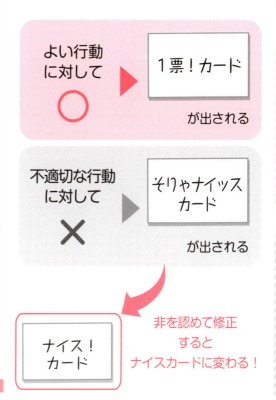

反抗的になっていく入り口の年代のため、「注意をされない」のではなく、「注意をされたら素直に直す」という姿勢を大切にしていきたいという思いから考えました。

これは、このゲーム場面に限らず、1日、半日の生活をともにするなかで、どうしてもマイナスの注目をせざるを得ない場面が出てくる子どもたちに対して、いかに柔らかく注目していくか、そして、マイナス場面をいかにプラス場面に変えていくかを狙った活動です。

ASD特性がある児童と多くつき合うなかでよく目にするのが「何がよくないのかという行動を教えて本人に理解させたうえでも、自分のやり方、振る舞いを変えようとしない」というようすです。

同一性保持の問題や、思考の柔軟性の問題などが背景にあると推測されます。そのため、教師も含めた他者からの刺激によって「自分の行動を変える」という経験を意識的にさせるということを狙いました。これを数回重ねながら、ほかの通級指導担当職員も「1票」「そりゃナイッス！」の声かけで評価していくことにより、指導の場以外のマイナス場面でのかかわりも、非常に穏やかに進んでいくようになりました。担当者の顔写真つきのシールを作り、毎回の個別の時間に振り返りを行い、シールを集めるようにしました。

定着化、般化に向けての工夫

これらの指導を、在籍学級、家庭へも応用してみることにしました。

応用するにあたり、それぞれにいま気になっている点を聞くなかで、在籍学級の担任からは「自分の非を認めず相手を責める」という点があがりました。

具体的な内容としては、クラス内での友だちとのささいなもめごとがあり、間に入って聞き取ると、必ず「だってあいつが……」からはじまるというのです。相手が謝ると、B君も謝ることができるのに、その前に、必死で相手を責めるようなことを言うので、相手に対しても印象が悪いし、担任としても元のこととは別に、その言い方のことで二重に指導しているような感じになりうまくいかないとのことでした。

「まず、相手の前で素直に自分も悪かったと認めてくれたら3票あげてもいいぐらいですよ！」との話から、対応策として、担任には必ずそのような場合の聞き取りでは「お互い言い分はあると思うけど、自分のよくなかった点を話そう！」と切り出してもらう話型を使ってもらうようにお願いしました。

B君にも、「担任の先生からこのように聞かれたら、素直に自分のよくなかったことだけ答えよう！　そうすれば3票」と伝えスタートし、毎週担任からの報告をもらいながら、よい行動には1票、トラブル場面では3票と、担任の顔

写真入りのシールを集めていきました。

また、家庭から聞かれた一番の悩みは、兄弟げんかがあげられました。これに対しても、在籍学級担任と同様の対応策を行ってもらうようにお願いしました。

成功体験を積み上げる

家庭のなかで本人は「俺ばっかりが悪く言われる」という思いを持っていましたが、お父さんやお母さんは、「弟はまだわからなくて無理だけど、君ならば気持ちをコントロールできるだろうと期待している」と考えていることを伝えました。また同時に、本人が自分なりに気持ちをおさえたり、それまでとは違う対応をしているようすに、家庭でも気づいていることを毎回の連絡ノートに書いてもらい、そこに対しても家族の顔写真つき1票シールで評価するようにしました。

こうして、通級、在籍学級、家庭からの1票シールは、年間で500票を超えるほどたまりました。

本人も、年度末を迎えるとき「自分は変わったと思う。生活が平和になった」と振り返り、そのことを実感することができました。

（中村）

シールがたまることで、自分の変化も実感しやすい

解説

考え方、捉え方を変える

この実践は、本人が一生懸命頑張っているつもりでも、なかなか報われない子どもに対する指導の一例です。他者からの「そりゃナイッス」は、ふつうに考えれば注意（つまり、否定的なフィードバック）なのですが、それを受け止めることで「1票」が入るというように、枠組みを変えています。

つまり、「そりゃナイッス」を「非を認めて修正する」ことを促すプロンプトとして活用する文脈にしています。指導者側の見方を変えること（リフレーミング）が、いかに重要か思い知らされます。また、在籍学級や家庭とも連動し、大人のほめるポイントを変えていきました。それにより、同じ方向性を持って在籍担任や保護者からも認めてもらう経験を積んだことも、子どもの行動変容につながりました。

子どもの思いをくみ取り、子どもの実態に合わせていることに加え、指導者のさまざまな技が凝縮された実践といえます。

（岡田 智）

事例 3 中学生への特別支援学級における実践

会話場面での暗黙のルール

事 例

特別支援学級における
学年別指導での実践
- 指導者1名
  （T2がいるとなおよい）
- 3年生生徒8名
  軽度の知的障害、ASD特性

生徒の実態

学級の3年生は男子5名、女子3名です。多くは軽度の知的障害があり、ASDの特性をもっている子どももいます。年度途中の通常学級からの転入生も数名おり、自己肯定感が低い状態で入級してきています。

ことばによる指示が通り、質問に答えたり自分の気持ちを話すことができる子どもが多いため、一見すると困難がわかりにくいかもしれません。

しかし、友だちどうしの会話によるやりとりを見ると、さまざまな課題が見えてきます。たとえば、相手の話していることを聞かずに自分の話を一方的にしてしまうこと、相手が話し終わるまで待てないこと、話題と関係ないことを話して周りから面倒くさがられていることなどがみられていました。やりとりの失敗によって不快な思いをしたり、他者と話すことに対して自信をなくしたりする子どももいます。そのため、言語によるやりとりをする子どもたちへの、小集団を利用した言語コミュニケーションスキルの支援はとても重要になってくると考えています。

そこで、週に何度か、少人数のグループで一つのテーマで話をし、広げていく取り組みをすることにしました。そのようすを実践事例1として紹介します。また、冒頭に述べたように、この学年には自己肯定感が低く、自分に自信が持てない状態の子どもがいました。子どもたちがことばでやりとりできるという長所を生かし、互いのよさを認める活動をし、学級、学年としての団結力を高めようとした実践を、実践事例2として紹介したいと思います。

実践事例 1
少人数グループトーク

子ども 8 人を、4 人ずつの 2 グループに分けます。

はじめに、子どもは学校と家庭でやりとりをする「連絡帳」に毎日ニュースを調べて書いて来るので、そのニュースのなかからトークの内容にふさわしい話題を選びます。

たとえば、「札幌の気温が 30 度を超えました」というニュースがあったときには、トークのテーマを「暑いときに食べたいもの」と設定します。このとき、フリートークのテーマは、できるだけみんなで楽しめて、だれもが話すことができる話題にします。

次に、思いついた人からテーマに沿った内容を話してもらいます。

たとえば、テーマに対して「アイス」「かき氷」などがあがってきたら、先生は子どもが言ったことを線でつなぎながら紙に書いて残していきます。関係のある内容どうしを線でつなぎ、いまどんな内容が話されているかを視覚的にわかるようにします。このとき、子どもがテーマからそれた内容を話してしまっても、「どうしてそう思ったの？」と聞き返し、できるだけテーマにつなげてあげます。このようにすることで、子ども自身が「会話に参加できた」と思うことにつながります。話す際のルールとして、

①ほかの人が話しているときは聞く
②違うと思っても責めたり怒ったりせずに「そうなんだ」「それ、どういうこと？」などのことばで返してあげる

という 2 点を約束します。このことで安心して話せる環境を用意しました。

指導者が記録しながら進める形に慣れてきたら、子どものなかでもとくに話の中心になりや

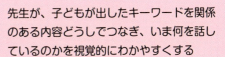

テーマを決める

テーマの例：
■「この夏したいこと行きたい場所」
■「暑いときに食べたいもの」 など

先生が、子どもが出したキーワードを関係のある内容どうしでつなぎ、いま何を話しているのかを視覚的にわかやすくする

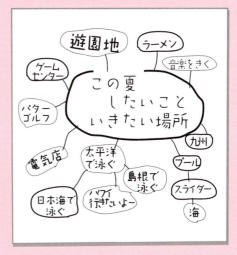

すい子どもに司会役を、話を聞くのが上手な子どもに指導者がやっていた記録役をさせることで、子どもだけのフリートークが進んでいきます。記録は大きめの色画用紙にさせました。

会話がうまく進んでいることを示す基準として、「画用紙が全部うまるくらい話が出たらすごいね」と伝えておくと、思いついたことをたくさん話してくれます。

夏休みに普段から利用している「電気店」や「ゲームセンター」に行きたいと言う子どももい

れば、「プール」という話題をあげた子ども、そのテーマに「スライダーは楽しいよね」と話題をつなげた子どもや、実際に自分が夏休みに行く場所を話した子どももいました。

　話した内容どうしのつなぎ方をまちがえることもありますが、自分たちなりに「ここはこれとつながるんじゃない？」「いまはこっちの話をしたよ」などと、会話をしているようすがみられました。

　会話が終了したら、二つのグループで内容に違うところがあるか、同じ内容が出たかをみるために交流をし「へぇ、こんな話題が出たのか」「それ面白いね」などと自然なやりとりがみられました。交流の時間は互いの記録を見に移動したり、指導者が解説する形で見せたりしました。

まとめ

　話した内容を、視覚的に提示したまま会話をすることで、話題を見失わずに会話を楽しめ、はじめに会話のルールを明確にしたことで、全員が安心して話すことができました。どうしても語彙が少なく、話題を広げにくい子どもには、指導者がそばに行って補足をしたり、ヒントを与えたりするなどの促しが必要になります。

　今回活動を行った子どもは、この取り組みを約2年間続けましたが、取り組みを開始したときよりも会話がスムーズになり、使うことばも増えてきています。また、会話をする際に話していることと話題がそれていないかを意識する子どもも出てきました。

実践事例2
「いいところカード」を使った交流

　それぞれの子どもの名前が書かれた台紙を用意します。

　子どもには、「それぞれの人の（各学期のなかで）よかったところ、いいところ、がんばっていたところを見つけて書いてみましょう。付箋をカードの代わりにすると、貼ったりはがしたりがしやすくなります。書いたら、その人の台紙のところに貼りにいきましょう」と伝えます。

　この活動の前に、学期の行事や係活動の振り返りなどをしておくと、より友だちの「よかったところ」を見つけやすくなります。

　たとえば、A君に対して「マラソン大会に向けて、体育をがんばっていた」とか、Bさんに対して「○○委員会の当番を毎回忘れず行っていた」などのカードが集まってきます。

　友だちから貼ってもらったカードのことばを、別な友だちへのカードのことばとして使うこともできます。「もらってうれしかったことばは、返してあげるといいね」と伝えると、子どもは人をほめることばを増やしていくことができます。

　書くことが苦手な子どもについては、指導者がその子どもに対して聞き取りをして代筆し、カードを貼らせる作業だけをさせました。

　自分へのメッセージがたくさん集まり、台紙がカードでいっぱいになると、どの子どももとてもうれしそうにしていました。台紙は掲示したあとは、本人に持ち帰らせました。

いいところカード

○○ ○○さんへ

- 図書委員の仕事を忘れないでやっていた △△ △△より
- あいさつが元気でいいね！ □□ □□より
- 楽しくて、みんなを笑わせてくれる ◇◇ ◇◇より
- いつも、優しくしてくれてありがとう ○○ ○○より

まとめ

友だちから認めてもらうことが自分の自信につながっている子どもが多いです。友だちをほめることで「相手を喜ばせる」という経験も、とても貴重だと感じます。この取り組みを行うためには、普段の生活のなかで「何がよいことか」をしっかり示しておく必要があると思います。

また、学級のなかで小さなことでもよいので1人ひとりに役割を与えておき、ほめるきっかけを用意しておくことも必要になると思います。とくに、ASD特性の強い子どもは、自然に他者へ注目することが難しいため、人のよいところを、その人の役割、係を通して見つけさせるような配慮が必要だと考えます。

おわりに

二つの実践事例は、学級に所属する子どもたちの、言語によるやりとりの強さを生かした取り組みでした。

イメージのほうが理解しやすい子どもには、実践事例1などで単語の代わりに画像、イラストなどをつなげていってもよいかもしれません。これらの取り組みをスムーズに行うためには、普段の学級での生活で、話しやすい雰囲気づくりをしておくことがとても重要になると考えています。友だちの成功やがんばりをほめる、発言を認め合うなどの雰囲気が必要です。そのためには、まず、指導者の立場から子どものよい面を認める姿を見せることが大切です。

会話したり、ほめあったりすると「楽しい」という気持ちを、子どものなかに育てたいと思います。

（足立）

解説　子どものよさを生かした指導

この実践は、中学校の特別支援学級での実践です。知的な遅れのある生徒への実践なので配慮が必要です（「認知特性によって違う暗黙のルール」32ページ参照）。

今回は、会話の際の暗黙のルールについての指導でしたが、視覚的に会話の主題を示し、主題からそれない会話を意識させることが可能になっています。また、具体的に会話する際の約束を示して暗黙のルールを明確にし、会話そのものを楽しむ工夫もなされています。

子どものよさや、認知特性を生かしながら指導することで、自信を持たせることができる実践だったといえます。

（山下）

事例 4 中学生へのカウンセリング面接を通した実践

ソーシャルナラティブを使った「わかればできる」の支援

事例

個別面接での実践
- **相談者**：中学1年の女子A
- **主訴**：学校での不適応
  （クラスメイトとのコミュニケーション、集団行動の難しさなど）

面接は、地域の相談機関の面接室にて机を挟み向かい合って座り行っています。面接の途中からはパソコンを持ち込んでいます。

生徒の実態

生徒は、ASD特性がみられる中学生です。状況の変化に弱く、自分なりのファンタジーが強いのですが、人なつっこさがあり関係も築きやすく、自分のこともよく語ることができる女の子です。

実践事例

1回目　目的の共有

母とA本人で来談します。Aは来談理由を「これからもこのままじゃ困るから」と話します。一方、遊ぶ場面では、自分の思いどおりにいかないと高い声を出したり、泣きそうになったりするようすがあり、全体的には少し幼い印象を受けます。

終わり際、カウンセラー(Co)から〈Aさんが落ち着いて学校で過ごせるように、よい方法を一緒に考えましょう〉と伝えています。Aは「よろしくねー!」と、やや不真面目なようすでレスポンスしましたが、面接の目的は共有できた感じがありました。

2・3回目　困りごとの共有

Aの好きな遊びをするほか、自分について思うことを自由に話すセッションにしました。絵を描いたり、本を作ったりするのが好きだという話のほか、「みんなが大人の言うとおり同じことをしているのがわからない」といった、学校やクラスで当たり前とされるルールに従うことへの抵抗感についての話も出てきました。

3回目の終わりに、Aと母に、これから困っていることの解決策を考えていくため、解決したいことのテーマを自宅で考えてきてほしいことを伝えました。

Aは、「わかった！」と快く返事をしましたが、不注意もある子でしたので、母にも伝えて一緒に考えてもらうようにしました。

4・5回目　"素直に言わないほうがいいときもある"

はじめに、Aと今日は遊びのあと、"困って

いることを考える時間”とすることを確認し、セッションのスケジュールを視覚的に伝えました。Aと母が準備してきた内容を一緒に確認し、Coからパソコンを使って解決策を作っていくことを提案します。
　困っていることとは次のような学校でのエピソードについてでした。

クラスのCが皆にお土産にお菓子を買ってきた
▼
そのお菓子が好きじゃないAは「これ好きじゃないからいらない！　返すね！」と返した
▼
すると、ほかの皆に「そんなこと言ったらCがかわいそう」と言われてしまった
▼
しかしAは、どうしてCがかわいそうなのかがわからない

　Aは、「クラスの子にそんなこと言っちゃいけないって言われた！　本当にそう思ったから言っただけなのに」と話し、「素直はいいこと」と言います。
　確かに、素直であることは悪いことではありませんが、Aはそのことが相手にどう伝わるのか、相手はどう思うのかといったことについては考えていないことがわかります。
　Aと、そのときについて順を追って話しながら紙に整理していきました。
　その後、準備していたパワーポイントの見本をパソコンの画面上に出し、Coから〈じゃあここはこれ、ここにはこれを入れるってどう？〉と提案をしました（図１参照）。
　見本は、①**タイトル文**（テーマ）、②**状況文・気持ち文**（起こっていることや事実、そのときの感情や考え）、③**お助け文**（他者の視点・感じ方、一般的な見解）、④**方略文**（どうしたらよいか対処方法）、⑤**解決文**（望ましい結果）、とい

図１

タイトル文
①素直に言わないほうがいいときもある
文字を入力
デジカメで撮影した画像を入れる
状況文・気持ち文
②友だちに素直な気持ちを言いました。でも、そんなこと言ったらいけないと言われました
いらないおかしだったから、すなおに言っただけなのに…
お助け文
③そのとき、メリーさんはこう言いました
でも、そんなふうに言われるの、本当はいやだったんだ…何かいい方法はないのかなぁ？
方略文
④みんなで相談！
今度おなじことがあったらどうしよう？
モンキチがお母さんにプレゼントをいらないって言われたらどうだろう
あ、お母さんにあげるといいかも！それもこっそりあげるのがよさそう
ショックだね…うんうん
うんうん、それよさそう！
解決文
⑤Cちゃんうれしかったみたい！
Cちゃんにありがとうって言ったよ！おかしはお母さんにあげた！Cちゃんもお母さんもよろこんだよー！Aもうれしいなっ！よかった〜っ！

った内容で表記していきます。Coが〈Aはそのときどうなるの?〉などと気持ちを聞き出しながら、Aが文を打ち込んでいきます(図1①②③文字)。

やり取りのなかから、どうやら「モンキチ」というキャラクターはAの代弁者で、「メリーさん」は、Aのもう一方の考えであることがわかってきます。

Co〈その場ではありがとう！　って言うってどうだろう?〉A「うそだけど」Co〈うそではないんじゃない?〉A「そっか、ありがとうは、くれる気持ちに言うのかなぁ」Co〈そのあとお母さんにあげちゃうとか?〉A「もったいないし!?」このようなやり取りをします。Aのことばは、あまりに的から外れたものでない限り、そのまま組み込んでいます。「よかったぁ～！……」と自分で書き(図1④⑤文字)、ここで一通りのストーリーが完成しました。タイトルはAが「素直に言わないほうがいいときもある」とつけました。

次回はストーリーの登場キャラクターをデジカメで撮影しようと話し、Aが自分のぬいぐるみを持ってくることにしました。

5回目は、ぬいぐるみをデジカメで撮影します。Aはぬいぐるみでポーズを作り、撮り終えると前回文字だけ打った、"素直に言わないほうがいいときもある"に写真をあてはめました(図1①～⑤写真)。

この日、完成したものを受け取ったAは「わぁ！　すごいね」と喜んでいました。Aの母は、「Aはなぜなのか納得すればできる」と話していました。以降も、どうしてか？　という具体的な理由を考えながら進めています。

6回目　"ゲームをして疲れるとき"

この日Aは、ぬいぐるみのなかでもお気に入りの二つを持参しました。この日は、Aや(Aが話す)ぬいぐるみのキャラクターと"疲れ"について話をし、その後、一緒にストーリーを作りました。

7回目　"クラスメイトと挨拶します"

このセッションでは、担任からの学校でのようすの聴き取りをもとに、Coからテーマを提案しています。

Aは自分から周りの子に挨拶をすることはあるが、周りからされた挨拶には、自分の世界に入り込んでいるために気づかないことが多いということでした。Aには、挨拶は一方的にするものでなく、し合うものといった捉え方はうすいようです。

ここでは、後の10回目でも出てきますが、Coの方で状況を説明する簡単な絵を描き、それを前にAがしている行動、周りの人がしている行動、そのときのAの気持ち、周りの人の気持ちにというように、状況を示していきます。すると、「これじゃあ(周りが)無視されているように思う！」と驚いた顔をし、その後、以下のソーシャルナラティブを作りました(図2)。

8回目　"4時間目に給食を待つこと"

前回作成したものを前にCoが〈友だちに挨拶される場面あった?〉と声をかけています。Aは「まだないけど、Aわかってるからできそうだよ！」と話します。このようにときどき作成してきたものについて振り返りをしています。

その後、その場で困っていることを話し合い「4時間目に給食を待つこと」を作成しました。

9回目　時間の見通し

前回、母から話があった"時間の見通し"についてCoより提案し、作成しています。

図2

タイトル文
① クラスメイトと挨拶します

状況文・気持ち文
② クラスメイトと気持ちよく挨拶します

> モンキチは挨拶されても、気づかないことがあるみたーい！ムシしたって言われちゃった。悲しいな…

お助け文
③ そのとき、メリーさんはこう言いました

> しかたないよ。モンキチ集中しているんだから。でも、何かいい方法はないのかなぁ？

方略文
④ みんなで相談！

> うん！それいいかもね！

> モンキチ、そんなつもりはないのに、そんなふうに思われるなんて悲しいね

> そうだ！近くに来て、そっと肩をたたいてもらうってどうかな？

解決文
⑤ 挨拶にちゃんと気づけた！

> クラスの人に挨拶してもらった！自分からだけじゃなくて、いろんな人から挨拶してもらえるって気持ちいいなー！うれしいなー！

学校訪問 学校との連携

親担当のCoとともに、Aの学校に訪問し情報交換をしました。そのときに、担任からAが学校で苦戦していることをいろいろ聞くことができました。また、相談室で取り組んでいるソーシャルナラティブのことや、生徒のようすについても共有することができました。

10・11回目 "えっ!? そうなの？ 自分と人は違うんだ"

Aには以前より、自分が思っていることは、当たり前に周りの人に伝わっていると思っているようなようすがありました。たとえば、担任の先生から聞いたエピソードで、Aが休み時間にざわざわしている教室で、突然「うるさい！」と大きな声を出し、廊下に出ていくという話がありました。詳しく聞くと、どうやらAは自分の状況のみ認識していて、周りの状況が目に入っていないのではないかと思われるエピソードでした。Coは、そのような状況について、絵を描きながら、説明を試みました（図3）。

図3

Co〈クラスの皆がざわざわとしていて、Aにはうるさく感じられる。そのときのAの気持ち

ってどんななの？〉〈あれ？　でも、これってみんな知っているのかな？〉といったように、Ａの理解に合わせ状況の絵とＡや皆の気持ちを文字にしています。

　Ａははじめ、「みんなＡのことはわかっているよ！」と言っていましたが、だんだんと状況説明が追加されるにつれ「あれ、わかんない！」と言いはじめました。そして、次第に「つまりこういうことだ、Ａを知っているメリー（ぬいぐるみ名）組がいて、知らないケロコ組、その中間のペンタ組がいるってことだね」と頷きます。状況を理解するために自分のぬいぐるみで当てはめて考えているようです。「みんなそれぞれレベルがあるんだね！違うんだぁ……」。眉間にシワを寄せ、考えた表情をしていました。

　11回目には、はじめに前回の"自分が考えていることを他人がわかっているとは限らない"ということをテーマに振り返りをします。ソーシャルナラティブの作成前に前回の振り返りを行ったことで、他者視点に関するＡの理解を確認し、状況の整理と解決策を考える作業へ移ることができました。

　今回のソーシャルナラティブを作成する際には、Ａ自身の経験を思い出し、一コマ分を割いてその状況を再現していました（図4②）。前回の面接では、「（わかってもらえない人には）自分で伝える！」とやや頑（かたく）なだったＡですが、いざその状況を思い出すと「自分で言うのも大事だけどー……でもなぁ……」と言いながら葛藤するようすがみられました。Coが〈自分で言えないときもあるんじゃない？〉と声をかけると、「そうなの！　やな感じーって思われたくないし」と言い、周囲からみられた自身の姿を捉えることばが聞かれました。

　その後、「お母さんに相談する……とか？」「先生に言うのもある！」などと自ら解決策をあげ、

図4

タイトル文	①えっ！そうなの!? 自分と人は違うんだ！	
状況文	②モンキチは、うるさい音が苦手	　もう！うるさいなぁ！静かにしてほしいのにー！ ぺちゃくちゃ　ぴーちくぱーちく
気持ち文	③モンキチは、自分の感じたいやな気持ちについて考えました	静かにしてほしかっただけなのに、うるさい！なんて言っちゃった…みんな、モンキチの考えてることをわかってると思ったけど、そうじゃないこともあるのかな…

作成をまとめています（図4）。この時期には、解決策についても自分で考えることが多くなっていました。今回の作成場面でも、支援者が答えを伝えるのではなく、Ａが自ら実際の状況を思い出し、困った状況への対処法を考えることができていました。

　数度のセッションののち、学年が変わるタイミングで落ち着きもみられていたことから、面接自体は終了しています。

学校の先生との連携

　Ａについては、担任の先生とも定期的に連絡

| お助け文 | ④このとき、メリーさんはこう言いました | わかっている人もいれば、そうじゃない人もいるんじゃない？でも、わからない人には、どうしたら伝わるかなぁ？自分の口で言えないときもあるし… |

| 方略文 | ⑤みんなで相談！ | 自分で言うのも大事だけど、ムリなときもあるよね…そうだ！お母さんに相談してみるのはどうかな？ / それ、イイネ！先生に言って、みんなへ伝えてもらうって手もあるよ |

| 解決文 | ⑥自分の気持ちをわかってもらえた！ | いろんな方法があるけど、自分の気持ちをほかの人にわかってもらえると安心するなぁ！なんだかホッとした〜 |

を取り、学校でのようすや課題について共有していました。Coからも、先生から聴いたエピソードからの取り組み、主に集団や仲間のなかでのルールに関する課題について取り組んでいる内容を伝えていました。

学校では苦手だった全体行事に参加をする機会が増えたり、クラスメイトに自分のことを伝えようとしたりする姿がみられるようになったとのことでした。

まとめ

今回のソーシャルナラティブの作成は、主に、Aの苦手な暗黙のルールに対する対処法や見通しをもつことをテーマに行われました。

といっても、実際にAが理解したのは、暗黙のルールそのものでなく、単純に自分がつまずいている課題に対し、どうAなりに解決や対処ができるかといったことだったのだと思います。また、初回のほうでは、Coに対する構えがあり、コミュニケーションを取ることにも難しさがありましたが、面接を重ねるうちに、アドバイスを受けたり、素直に応答したりすることが多くなっていきました。

ソーシャルナラティブの作成を通じ、課題の解決に加えて、他者とのやり取りにおいても方法の幅が増えたこと、支援者の援助を快く受けとめられるようになったことも、Aの変化の一つだったように思っています。

（塚本・田邊）

解説　暗黙のルールを通して育んだもの

塚本・田邊さんの実践は、日常での困ったことを相談することからスタートし、ソーシャルナラティブ・アプローチを通し、Aさんのお気に入りのキャラクターを使って自己の行動を客観視し、よりよい行動を支援者と考えていくというものでした。自分から見出した解決方法なので、よりAさんの行動変容を促すことが可能となっています。

また、この実践の成果は、暗黙のルールを学んだというよりも、暗黙のルールの学習を通して、他者との関係における問題解決の意識や、支援者の援助を快く受け止めるといった態度が形成されたことにあると思います。

（岡田　智）

カード教材
「暗黙のルールカード」解説

　本書には、学齢期から思春期にかけての子どもたちが、日常のなかで遭遇したり、知っておく必要がある代表的な「暗黙のルール」を取り上げた、80枚の「カード教材」がついています。
　ここでは、とくに社会のなかで必要となる「7つの領域」についての、カード80枚分のルールとともに、合計105個の暗黙のルールについて解説しています。

● 教材の使い方 ●

　カードでゲーム（2〜3ページ）をして遊びながら、気軽に「暗黙のルール」の勉強を行ってもよいですし、カードを活用したロールプレイングや話し合い学習（4〜16ページ）のなかでていねいに勉強していくのもよいでしょう。子どもたちが、仲間や先生と一緒に楽しみ、そして、ゆる〜く自身の課題ともつき合いながら、気楽に暗黙のルールを学んでいけるとよいでしょう。

　子どもの年齢、障害特性、生活の場によってはさまざまなルールが必要とされます。「こんなルールも」として、予備のルールも各領域に掲載しました。子どもに合わせてカードを選んだり、本書のカード以外にも、必要なルールカードを新たに作成してもよいでしょう。

こんなルールがそろっています！

1　マナー・礼儀
他者視点に立つことが苦手な子どもに、ていねいに教えたい基本的な人間関係のマナーや、礼儀に関する暗黙のルールです。

2　集団参加
学校生活では基礎となる、集団参加に関する暗黙のルールです。このなかには、低学年のときに身につけるべき学習態勢も含まれます。

3　コミュニケーションスキル
言語や非言語的手段を用いた、人とのかかわりに関しての暗黙のルールです。学年が上がると望まれるようになる、話し合い活動も含みます。

4　身辺・生活
学校や家庭における身辺や自己管理に関するルールです。親や教師の共通理解や、連携が必要となる場合も多くあります。

5　コーピングスキル
この領域は、年齢や環境によって望まれるルールが大きく異なります。身の周りのトラブルや、問題への対処方法など、思春期の子どもたちにはとくに重要なルールです。

6　信念・自己
自信がなかったり、こだわりやすかったりと自分自身とのつき合い方に関するルールです。この領域の困難は多様なので、子どもの実態と照らし合わせて活用してください。

7　人間関係
友人や異性とのかかわりといった、プライベートな人間関係についてのルールです。深い関係ができなくても、たくさん友だちができなくても「焦らないでのんびりと」がキモです。

カード1 マナー・礼儀

他者視点に立つことが苦手な子どもに、ていねいに教えたい、基本的な人間関係のマナーや礼儀に関するルールです。

関連するソーシャルスキル
- 挨拶をする
- 返事をする
- 報告・連絡・相談
- 人前での礼儀

など

1 「はい」「おはよう」「ごめんなさい」「ありがとう」

基本のことば　大切に

解説　基本のことばには、返事や挨拶、お礼、謝罪などのやりとりに関するもの（自ら発信したり、相手に応答したりすることば）があります。状況に合わせて自然と言えるように、発信や応答を身につけられるように援助したいものです。

2 「だれだっけ？」　名前を忘れてしまったら

気づかれぬよう　名前を確認

解説　人間関係を築くうえで、名前を覚えることは大切です。覚えるのが苦手な子どもには、さりげなく相手の名前を確認することが大切であることを教える必要があります。

3 人前で　こぼれてしまう　独り言

だれに言ってる？　はずかしい

解説　考えをぶつぶつと言い続けてしまったり（独り言）、思ったことをつい口に出してしまったり（不注意、衝動性）する子どもには、それが他者から変に見えることや、人に不快な思いをさせることがあると教えたいものです。

4 太ったね！ わるぎはなくても そのことば

だれでも傷つく 見た目の指摘

解説 相手の気にしていることや欠点、失敗などを指摘してしまうと、相手を傷つけたり、怒らせたりしてしまいます。相手の立場に立って言動に気をつけることや、「触れないほうがよいことば」も具体的に示し、ていねいに指導します。

5 「はい、はい」と 何度も言うのは相手に失礼

返事は「はい！」と 一度がグッド

解説 「はい、はい」と言われた人がどう思うか、どのような事態になってしまうかを考えさせます。不適切な態度に応じない、それが不適切であるとフィードバックするなどと対応していきます。とくに、叱られているときに要注意！

6 時間見て 遅れてしまいそうなとき

「遅れます」と 事前に連絡

解説 約束に遅れそうなときは、連絡をしないと相手に心配をかけてしまいます。事前に連絡を入れ謝り、どのくらい遅れるかと、遅れる理由を伝えられるとよいでしょう。ホウレンソウ（報・連・相）は、学齢期からの積み上げが大切です。

7 先生の ズボンのチャック 開いている

ひっそり こっそり 伝えよう

解説 ズボンのチャックが開いていると、その人のためを思って伝えたくなります。でも、ちょっと待って！ みんなの前で言うとその人ははずかしい思いをしてしまいます。具体的な配慮を教えていくとよいでしょう。

カード1 マナー・礼儀

 ごめんなさい！　いくらことばで言ってても

→ 態度悪けりゃ　コラ！　コラ！　コラ！

解説 ことばで「ごめんなさい」と謝っていても、言い方や態度が悪いと、相手は「反省していない」「ことばだけ」と受け止め、さらに怒りをかってしまいます。謝るときは、ことばだけでなく、表情や態度にも気をつけましょう。

 「気をつけます」　いくらきちんと　謝っても

→ 改善なければ　怒り倍増

解説 不注意（うっかり）や言語理解の苦手さ（ルールがわからない）から、注意されても同じことを繰り返してしまう子どもがいます。改善しようという意思を示し、それに対するアクションを取れるように支援者は援助します。

 漫画やドラマの振る舞いは　仮想であるから　カッコイイ

→ リアルにやると　笑われる

解説 漫画やドラマはフィクション（作り話）です。セリフや服装などを、そのまま真似すると、現実とはだいぶ違うので笑われてしまいます。TPOに合わせた振る舞いを意識させます。

 汚いなぁ　頭で思っているけれど

→ 口に出しては　言わないよ

解説 不注意な人はうっかり口に出してしまったり、相手の感じ方に鈍感な人は悪気なく言ってしまうことがあります。マンガ化＊などを用いて、思うことと言うことの違いや、相手の感じ方を教えてもよいでしょう。

＊マンガ化：46ページ参照

音楽を　大音量でかけてみた
⬇
周りに気をつけ　適度なボリューム

解説　CD、スマートフォンなどで音楽を聞く際には、音量に気をつけないと周りが不快な思いをします。聞き入って周りが見えなくなることで、ついやってしまう失敗といえます。イヤフォンやスピーカーの音量も、TPOに合わせ調整を。

わっ！　汚い　いろいろやってる顔いじり
⬇
目・鼻・耳に　小指を突っ込む

解説　耳ほじり、鼻ほじりなど、人が不快に思う癖は意外と無意識にやっているものです。人がいないところで行ったり、ティッシュを使うなど、許容されるような方法を取れるとよいでしょう。

こんなルールも
女子男子　はずかしいのは　なんだろう
⬇
考えてみよう　男女のマナー

解説　はずかしいと思うことは、人によって感じ方が違いますし、男女によっても違います。男子のマナーと女子のマナーについての知識を身につけておく必要があります。

こんなルールも
お坊さん　頭と木魚　似ているね
⬇
笑ってしまうと　葬式台無し

解説　お坊さんの頭を見たり、木魚の音を聞いたりして、妄想がふくらんだとしてもこらえましょう。このように、場や相手に応じたマナーは、機会があるごとに一つ一つ教えていき、積み上げていくことが望まれます。

カード 2 集団参加

関連する
ソーシャルスキル

- 聞く・着席する
- 協力する
- 一緒に活動する
- ルールを知り守る

など

学校生活では基礎となる、集団参加に関するルールです。低学年のときに身につけるべき学習態勢も含まれます。

1

発表や　人が話しているときは

静かに聞いてね　最後まで

解説 話をきちんと聞くことは、大切な「学習態勢」の一つです。低学年のうちから、「しゃべらない」「相手を見る」「質問はあとで手を挙げてからする」など、具体的に教えて経験させる必要があります。

2

声のボリューム１２３４　それぞれ何か　知ってるかい？

1はひそひそ　2はおしゃべり　3は発表　4は外

解説 同じ内容のことばでも、声の大きさによって伝わり方が違ってしまいます。相手との距離や場所、内容によって、声の大きさを調整して伝えましょう。声のものさし（ボリュームシート）などを用いて意識させるとよいでしょう。

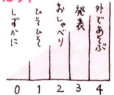

3

わ！　揺れた　気になるその足

貧乏ゆすりは　やめようね

解説 大人でも、気づかずやっていることがありますが、音や揺れで周りは迷惑をしています。その都度声かけをして気づかせ、改善しにくい子どもには、ギュッと握れるミニマスコットを持たせるなど、代替手段も考えていきます。

着席の　その足元は　浮いている
→
地に足つけて　座りましょう

解説 学校生活は、椅子に座る姿勢が大切です。上手に椅子に座るには、おしりを椅子につけるだけでなく、両足を床につけることや、背筋を伸ばして背もたれにつけることなどのコツをていねいに指導します。

つまらない　負けそうだからと　言い訳し
→
途中でやめたら　ズルい人

解説 ゲームで負けそうになっても、途中でやめると自分勝手と思われ、次から遊びたくないと思われてしまいます。悔しい気持ちを承認してあげるとともに、最後まで続けることの意義を子どもにわかるように伝えましょう。

ごめんなさい　あやまる相手を　ゆるさない
→
ミスして自分も　ゆるされない

解説 こだわりやすく正義感が強い子どもだけでなく、被害者意識が強まっている状態の子どもでも、相手を許せない場合が多くあります。理不尽な思いを認めてあげるとともに、クールダウンしたときに冷静に話し合うことも必要です。

「することない」と思っても　周りが動いているのなら
→
やること探せ　協力だ

解説 状況理解や協力の意識に乏しい子どもには、大切な支援課題といえます。はじめは具体的に役割や作業内容を伝えていき、こまめに声かけすることで協力のしかたを教えます。そして、徐々に自主的に動けるよう援助していきます。

カード2 集団参加

8

話を聞いていなかった　そんなときこそ　ごまかさず

「すみませんが　もう一度」

解説　不注意があったり、対人的意識が低かったり、ワーキングメモリが弱い子どもにとって、しっかり聞き取るというのは結構難しい作業です。聞きそびれたときの補償手段として、確認するというスキルを身につけるとよいでしょう。

9

文句言い　センセに余計　怒られる

後先考え　文句言え

解説　心の底からの訴えなのか、不用意な文句なのかは、大人の判断が問われるところです。「なんで〜」「え〜」「つまんない」などの不用意な文句に関しては、その一言がさらに事態を悪化させることを教えていきます。

10

めんどくさい　みんな思っているけれど

雑にやったら　もっとめんどくさい

解説　「めんどくさい」と思って雑に作業をして、やり直しをさせられた経験はありませんか？　一度にていねいにやるほうが、やり直しに比べたら時間もかかりません。大人も子どもも同じですね。

11

「おもしろそう」　突然入り　はじかれる

「入れて」と言うの　大事だね

解説　友だちの遊びに途中から入りたいときは、「入れて」と確認する必要があります。勝手に入ると、強引なやつと思われて、周りに引かれてしまいます。集団参加における基本的なことばの一つです。

12 ゲーム中　途中でルールをトッピング
はじめに決めた　ルールでやろう

解説 自分が思いついたルールを途中で加えると、全体のルールが曖昧になってしまい、結果としてトラブルにつながります。はじめにルールを明確にし、納得するといったプロセスを踏むことが大切です。

こんなルールも 見渡そう　周りの状況　何してる？
状況察して　振る舞おう

解説 空気を読むことが苦手だったり、衝動性が強かったりする子どもは、そもそも周りや相手の状況に目を向けていないことが多いようです。立ち止まって、相手の表情や周りのようすを見ることを身につけさせることが大切です。

こんなルールも 遊ぶとき　イヤだを連発していると
そのうち君も　イヤだといわれる

解説 自分の遊びたいことができないときに文句ばかり言っていると、「イヤだばかり言う人とは一緒に遊ぶのがイヤだ」と思われてしまいます。ときには折り合いをつけ、友だちの提案で遊んでみましょう。

こんなルールも ダメなこと　やっぱりダメです　禁止です
納得いかずも　禁止は禁止

解説 世の中にはどうしても納得のできないルールや約束が存在します。納得できなくても、「ダメなものはダメ」であることを伝えていきましょう。大人でも子どもでも、自分との折り合い、社会との折り合いは難しいものですね〜。

カード 3

コミュニケーションスキル

言語や非言語的手段を用いた、人とのかかわりに関してのルールです。話し合い活動も含みます。

関連するソーシャルスキル
- チクチクことば
- 会話・話題の共有
- 語用スキル
- 話し合いスキル

など

1

応援や　励まし　慰め　思いやり
⬇
相手にしみこむ　あったかことば

解説　態度にも「あったか」はあります。肩をポンとたたいたり、笑顔で返したり、非言語的な手段も年とともに使いこなせるようになるとよいでしょう。ただ、相手の状況に沿うものではないと皮肉になってしまうので注意が必要です。

2

ちょっと待て　チクチクことばは
⬇
相手が傷つく

解説　相手を怒らせたり、落ち込ませたりすることばを「チクチクことば」と定義し子どもに伝えます。人から言われたチクチクことばは、覚えているものです。まずは、自分がチクチクことばを受けた経験から取り上げるとよいでしょう。

3

"ねぇ　おばさん"　大人の女性に　言っちゃった
⬇
年齢気にする　成人期

解説　世の中には、相手を不快にさせる呼び方がたくさんあります。年上の人の呼び方だけでなく、同年齢や年下に対しても同じで、「おい、お前」「あんた」「ちょっと！」なども威圧感や不快感を与えます。

4 悲しいの？ 怒っているの？ ようす見て

→ **相手の気持ちを 考えよう**

解説 怒っている人に「怒っているの？」とストレートに聞かず、相手のようすを見てその気持ちを考えることを促します。判断の手がかりは「相手の表情」や「前後の文脈」です。他者視点に立つことが難しい子どもにはていねいに援助します。

5 しゃべるとき 相手との距離 どのくらい？

→ **腕一本と 覚えよう**

解説 相手とコミュニケーションをはかるときは、距離が近すぎると相手にいやがられます。コツとしては、腕一本分離れたり、20cmは空けて座ったりし、やりとりをするように促すとよいでしょう。

6 会話でも 割り込み事故には 要注意

→ **タイミング見て 「ちょっといい？」**

解説 社会性の困難や衝動性がある子どもは、ちょこちょこ割り込み事故を起こしてしまいます。話が途切れそうなタイミングを見計らうことはなかなか難しいのですが、「ちょっといい？」と断りを入れることができるとよいでしょう。

7 おしゃべりで 話したいことマニアック

→ **話題を選べば 楽しい会話**

解説 話題の選択は、なるべく相手の知っている話や、相手が興味がありそうな話がベスト。自分が好きなマニアックな話ばかりを一方的にしても、相手は楽しくありません。会話はお互いが楽しめるように意識できるとよいでしょう。

カード3 コミュニケーションスキル

8 親父ギャグ　ついつい使ってしまうけど

度が過ぎちゃうと　笑えない

 解説　場を和ませるために、親父ギャグを使うこともよいと思いますが、回数が多くしつこいようでは、周りが引いてしまいます。「1時間に一つまで」「繰り返し言わない」「周りのようすを見て」などと、ルールを決めるとよいでしょう。

9 話し合い　意見言うとき　理由もね

理由がわかれば　賛成ふえる

 解説　話し合いを深めるには、その意見を選んだ理由を伝えることがポイントとなります。「そう思う理由は」「どうしてかというと」など、意見の理由を伝えることで、スムーズな話し合いになることを教えます。

10 話し合い　上手な意見の　言い方で

"これってどう？"と　提案はどう？

 解説　話し合いで提案をするときは、「絶対これがいい」などと決めつけた言い方をしないで、「これってどう？」と周りに確認する言い方をすると、周りからも受け入れられやすい表現になります。

11 話し合い　一方向じゃ　なりたたない

相手の意見も　よく聞こう

 解説　相互のやりとりが苦手な子どもは、相手の意見を取り入れる姿勢が未形成なことがあります。ブレーンストーミングで意見を集める、相手の意見を書き取ることなどを通し、双方向の話し合いになるように援助しましょう。

人の意見　聞くとき　大事な反応は
⬇
うん　うん　いいね！　グッドな反応

解説　上手な聴き方には「相手を見る」「最後まで聞く（待つ）」「うなずく（相槌を打つ）」があります。それ以外にも「うん、うん」「いいね」などと、レスポンスのことばも具体的に示します。大人のモデル提示も大切です。

話し合い　意見合わない　当たり前
⬇
多数に合わせて　話し進める

解説　話し合いで何か決めるときには、「多数決」以外にも「じゃんけん」「大切な意見を優先する」「折衷案にする」などがあります。こだわりやすい子どもたちには、いろいろな決め方を経験させたいものです。

話し合い　みんなで決めたことならば
⬇
「まぁ、いいや」　と合わせましょう

解説　話し合いで何かを決めるときには、納得できなかったり、不本意な結果として受け止められなかったりする人も出てきます。自分の意見と反していても「まぁいいや」と折り合いをつけられるようになることが大切です。

良いことも　言い方ちがえば悪いこと
⬇
ことば選んで　相手に伝える

解説　正しいことを言っていても、その言い方が悪いと、それ自体が悪いことになってしまいます。言う内容だけでなく、言い方にも配慮して、ことばを伝えることも大切です。

カード3 コミュニケーションスキル

こんなルールも

「手を貸して」はいどうぞ！って手を出した
↓
ホントの意味は「手伝って」

解説 字義通りということばがあるように、ことばには裏の意味があることがあります。比喩や皮肉、お世辞などの婉曲表現は、経験を交えながら一つずつ学んでいくとよいでしょう。

こんなルールも

帰るとき「またおいでね」と言われたよ
↓
「またって、いつ？」とはすぐ聞かない

解説 帰り際に言われる「またおいでね」は、挨拶ことばと同じ意味で使われ、「また、いつかはわからないけどおいでね」という意味です。「また今度」「またいつか」も同じ意味で使われます。

こんなルールも

風呂のお湯　ちょっと見ててと頼まれた
↓
ずっと見てるとお湯があふれる

解説 「ちょっと見てて」は「そのあとよろしくね」、「何してるの⁉」は「やめなさい」、「それ言う？」は「そんなこと言わないで」など、経験を交えながら、こういった表現の意味を具体的に教えていきます。

こんなルールも

丸くなれ　確かに言われたことばでも
↓
前後考え意味を知る

解説 学校生活では、先生たちは多義的な表現を使って指示をすることがあります。「壁に立つ」は「壁に沿って立つ」、「プリントを回す」は「後ろの席に配る」など、先生たちの指示もわかりやすいように配慮しましょう。

身辺・生活

学校や家庭における、身辺や自己管理に関するルールです。家庭と連携して取り組むべき課題でもあります。

関連するソーシャルスキル
- 身だしなみ
- 衛生管理
- 自己管理
- 家庭のルール

など

1

大好きな　服は毎日　着たいけど

毎日着たら　変に見られる

解説　同じ服にこだわる子どもには、年齢が低いうちは同じ服を複数用意し、着まわすとよいと思います。しかし、中学生くらいになったら他者の目を意識してもらい、多少バリエーションを増やすことも必要かもしれません。

2

くしゃみするとき　気をつけて

顔を横向け　手は口に

解説　咳やくしゃみ、あくびなどは、手を口に当てることが大切なマナーです。人に不快感を与えたり、衛生的に問題となったりすることをその都度教えていきます。

3

清潔か　チェックしましょう　身のまわり

歯磨き　入浴　衣服の洗濯

解説　自分では気にならなくても、身なりを清潔にしておかないと、それだけで周りからはマイナス評価。損をします。

カード4 身辺・生活

4 使ったティッシュ　どうするの？

目につかないよう　ゴミ箱へ

解説 不注意であったり、他者の視点に立てなかったりする子どもによく起こりがちな、不衛生な案件です。それを見た人がどう感じるか、即時に具体的に伝えていき、ポケットに入れる、ごみ箱に捨てるなどの方法を教えましょう。

5 人前で　鼻をかむとき　気をつけて！

離れて　静かに　ティッシュを使う

解説 基本的に、人前でズズーと大きな音を出して鼻をかむことは汚らしく映り、失礼になります。人前から離れる、音を小さくする、目立たない場所でやるように指導します。

6 身だしなみ　きちんと確認しておこう

朝にちょっくら　鏡見る

解説 社会性に苦手さがある子どもたちは、思春期半ばになるまで身だしなみの感覚に疎く、その必要性を感じられない場合が多いようです。他者意識や異性への関心が育つ時期に、ていねいに取り扱いたい指導内容と言えます。

7 ほどほどに　ネットやゲーム　時間みて

その家ごとの　ルールがあるよ

解説 ネットやゲームに没頭してしまうと、生活リズムが崩れるリスクがあります。家庭でゲームの制限時間やネットのルールを決めてもらい、それらを子どもたちどうしで共有する機会をもつとよいでしょう。

8 約束や 予定を忘れて しまいそう

メモとりゃ安心 ルーズなぼくら

解説 忘れることは、しかたがありません。でも、メモを取って対策を立てましょう。これは立派な社会人への一歩です。ワーキングメモリの弱さや、不注意がある子どもには、早いうちから補償手段として身につけさせたいものです。

9 「あれ出して」 言われてすぐ出ぬ その整頓

整理整頓 工夫しよう

解説 鞄や机の中が未曾有の大惨事。身の回りの管理が苦手な子どもには、工夫のしかたを大人が一緒に考えてあげることが大切です。整理箱やラベルを使う、片づけの時間を定期的に設けるなど、日常生活のなかでの積み重ねが大切です。

こんなルールも 前の日に 自分で予定 チェックする

明日に向かって いい準備

解説 前の日に、次の日の予定の見通しをもつことは大切です。朝は時間のゆとりがないことが多いので、前の日の夕方や夜に、次の日の準備をする習慣をつけるためには、家庭の協力が必要です。

こんなルールも 子どもとて 家庭のなかに 仕事ある

ただ飯食わずに 手伝いを

解説 洗濯物、お風呂洗い、食器の片づけや皿洗いなど、家にはやるべき仕事がたくさんあります。自分のできる仕事をみつけ、役割を担って手伝いができるように、家庭と連携して取り組みましょう。

コーピングスキル

身の周りのトラブルや、問題への対処方法などに関してのルールです。思春期の子どもたちにはとくに重要！

関連するソーシャルスキル
- 問題への対処
- トラブルへの対処
- 感情マネジメント
- 援助を受け入れる

など

1

失敗は　だれでも必ずあるものです

大切なのは　あやまることと　後始末

 解説　大人も子どももミスをゼロにすることは難しいものです。失敗してしまったときは、「ごめん」と伝えることと、気づいたあとに、しっかりやり直しをすることが大切です。

2

コラ一つ　うそを重ねて

コラ！　コラ！　コラ！

 解説　怒られるのがいやなのはわかりますが、失敗を「うそ」でごまかしても、バレたときには3倍ぐらい怒られることになります。うそをつくと、その後もうそを言わなければならない状況に陥ってしまいます。

3

うそをつき　その場はうまく逃れても

信用なくなり　友だち消える

 解説　うそをついてその場をごまかせるときもありますが、それがばれると、周りからの信頼はがた落ちです。人気や信用は、これまでの行いが築きあげるということを子どもに教えましょう。

わ！ やばい ほうっておいたら ますますやばい！

→ **すぐにミスを あやまろう**

 解説　ミスをしたとき、ついつい隠したくなるものです。そうすると、「ミスしたこと」と「隠したこと」の分、2倍怒られてしまうことがあります。あとのことを考えて、素直に報告することが大切です。

 トラブルに なりそうだったら

→ **さっさと 離れる**

 解説　非行や問題行動に巻き込まれそうなとき、けんかや言い合いをしてしまいそうなとき、そんなときはその場やその相手から離れることが大切です。大人がアドバイスをして、うまく回避できるように促します。

 「大嫌い」合わない人は いるけれど

→ **口には出さず 距離置こう**

 解説　合わない人がいるのは当然です。でも、「嫌いだ」と直接言っても、なんの解決にもなりません。近づかないのがよい方法であることを指導します。

 困ったら 言えるといいね

→ ヘルプ　ミー
Help Me！

 解説　援助を求めることや、援助を受け取ることは重要なサバイバルスキルです。差し伸べられた手を受け取ることができるかどうかは、子どものなかに人への信頼感が無ければ難しく、日々の支援をどのように積み重ねたかが問われます。

カード5 コーピングスキル

 8

その気持ち　落ち着かないとき
↓
クールダウンで　リラックス

解説 イライラ、ムカムカしたときは、少しその場を離れて1人気持ちを落ち着かせるとよいでしょう。その子にとって落ち着く方法を、子どもと一緒に考えておくこともおすすめです。

 9

友だちの　ファッションセンス　おかしいな
↓
センスはそれぞれ　指摘しない

解説 洋服などのファッションは、人によりいろいろな好みがあります。自分から見るとおかしいなと思うことでも、その人が好きでやっていることなので、指摘しないように、大人な対応をすることを促します。

 10

けんかして　あやまるときは　時間おき
↓
落ち着いたときに　ごめんなさい

解説 けんかなどのトラブルの直後は、感情が高ぶっていて冷静に考えることが難しいものです。気持ちが落ち着いたら、大人と一緒に振り返り、その状況を整理していきます。時間をおいてトラブル解決のための対応を考えていきます。

 11

飲酒・喫煙・万引き・窃盗　悪いお誘いどうしよう
↓
クールにきめたい　"俺いいや"

解説 中学生になると、身近なところに危険な誘惑がたくさんあります。不良っぽいことにカッコよさを見出す子どももいます。体や心、日常生活への影響をしっかり考えさせ、断る術を教えましょう。

12 「きみかわいい」　異性の誘惑気をつけて

巻き込まれるぞ　犯罪トラブル

 解説　知らない人に「かわいい」「おいで」など声をかけられても、安易についていってはいけません。犯罪やトラブルに巻き込まれることがあります。その場から離れ、大人にすぐに伝えることが重要なスキルです。

13 SNS　顔の見えない　その相手

ネットの出会い　要注意

 解説　ネットでの出会いの裏には、犯罪のリスクが隠されています。家庭でのネットのルールを決めておくことに加え、自分は騙されていないかと疑うこと、顔の見えない相手とはほどほどの距離感を保つことが必要です。

こんなルールも　無免許運転だけじゃない　スマホ　イヤホン　2人乗り

それって立派な　交通違反

 解説　なぜ交通違反かというと、自分や周囲の人がけがをする危険性があるからです。「自分ぐらいはいい」と思わずに、交通ルールを守って安全に気をつけるよう教えます。ささいなことでも交通違反になってしまいます。

こんなルールも　いま何時？　門限気にせず　遊んだら

危険極まる　深夜のお散歩

 解説　門限は、家庭の大切なルールです。門限を守るのは親のためではなく、自分の身の安全のためです。深夜に近づくほど、外を出歩くことに危険がともなうことを理解させます。

カード5 コーピングスキル

こんなルールも

ネットでも いじめや無視が 起こり得る
➡ トラブルなり得る ネットの関係

解説 ネットの書き込みから、いじめに発展するなどといったトラブルが多くあります。直接伝えることばと違い、ネットで書く文章は相手がどう受け止めるかわかりません。ネットは便利ですが、トラブルも起きやすいことを指導します。

こんなルールも

自分にも 個人情報 あるんです
➡ "それは内緒♪"と 言えるといいね

解説 自分のことや家族のことを根掘り葉掘り聞かれても、正直に全て答えるのはやめましょう。個人情報が広まると、いろいろな不利益を被ることがあります。「それは内緒」「よくわからない」と答えるテクニックも身につけましょう。

こんなルールも

友だちが なんだか最近冷たいぞ
➡ 怒らず、悩まず、だれかに相談

解説 人間関係がうまくいっていない相手に、直接「なにか悪いことしたっけ？」と聞いても、余計にこじれる場合もあります。そういうときは先生や親に相談することを促します。

こんなルールも

やな気持ち ずっと続くと しんどいねぇ
➡ 上手な切り替え 見つけましょう

解説 気持ちの切り替え方法には、「リラックスできることをする」「好きなことをする」「寝る」「人に相談する」「クッションを叩く」など、さまざまあります。子どもに合った方法を取り入れられるようにしましょう。

カード 6

信念・自己

自信がなかったり、こだわりやすかったりといった、自分自身とのつき合い方に関するルールです。

関連するソーシャルスキル
- 自尊心と学ぶ姿勢
- こだわりへの対処
- 思考の柔軟性
- 自己理解と受容

など

1 世のなかに　隠れたルール　多すぎる

必要なルールは　一つずつ学ぶ

解説 世のなかには、暗黙のルールといわれるものがたくさんあります。暗黙のルール指導の導入としても、活用できる句です。

2 苦手なら　練習しよう　ソーシャルスキル

先生と学ぶ　ソーシャルスキル

解説 ソーシャルスキルトレーニング（SST）は、子どもと目的意識を共有することが重要です。子どもの苦手なことや、苦戦していることに一緒に取り組む姿勢を支援者は持ちたいものです。SSTを行う際の導入として活用できる句です。

3 注意する　それって　大人がすべきこと

きっちりさんは　要注意かな

解説 他者視点に立てない子どもは、子どもの間で「告げ口マン」「注意魔」「エラーチェッカー」などと言われ、嫌われてしまうかもしれません。注意は先生がすると一貫して対応する必要があります。

カード6 信念・自己

4

「まぁ、いいや」 適度に気を抜き 楽になる

↓

完璧主義は 疲れちゃうかも〜

解説 完璧主義で「ねばならない」という思いが強い人は、真面目で向上心があると言えますが、一方で、自分や他者との折り合いに非常に苦労します。「まぁいいや」をキーワードに、日ごろの完璧主義と折り合うのも重要です。

5

自信ない 周りと比べる この自分

↓

長所や短所 だれでもあるよ

解説 失敗や叱責を多く経験すると、何事にも自信が持てなくなり、自尊感情が低くなってしまいます。支援者にも長所や短所があり、個性はだれにでもあることを伝えつつ、子どもの自己理解を支えていく必要があるといえるでしょう。

6

不安だなぁ やってみないと わからない

↓

試してみたら あら、平気かも!?

解説 見通しを想像するのが苦手であったり、集団参加に自信がなかったりすると、新しい活動に不安を強く持ってしまいます。はじめは見学だけで徐々に慣れるように促す、イメージできるように事前に取り組むなどの配慮をしましょう。

7

うるさいと 思ったときは 退散だ

↓

「静かにしてよ！」と キレぬが仏

解説 感覚過敏がある子どもは、学校生活においていたるところにストレスを感じやすいようです。周囲の大人が環境上の配慮をすることに加え、年齢が上がるにつれ自身で対処していく方略を身につけられるよう支援します。

8
あぁダメだ　うわぁダメ　またダメ　考える
→
はまっていくと　どんどんダメダメ

解説 気分転換をしたり、考え方を変えてみたりと、否定的な考えにはまらないような工夫が必要です。考え方一つで、感情も変わっていきます。「ダメだ」ではなく、「どこはよかったか」など、思考の変換にチャレンジしてみましょう。

9
だれにでも　わからぬことが　多くある
→
わからぬことは　アドバイス聞く

解説 勉強、集団生活、人間関係などなど、わからないことはたくさん出てきます。困ったり、問題が生じたら先生や親、信頼できる友人の意見を求められるようになるとよいでしょう。

こんなルールも
いまなの？　すぐなの？　それ重要？
→
状況よくみて　優先順位

解説 みんなと一緒に行動するときには、自分がやりたいことよりも、いまやるべきことを考えて行動しなくてはならないことがあります。すべきことをリストアップし、優先順位をつけましょう。

こんなルールも
少数派　悪いことではありません
→
だれでもユニーク　めざせ個性派

解説 少数派であることは貴重なことです。人の価値観を尊重し、周りとの折り合いをつけることができれば、個性派として認められていきます。

人間関係

友人や異性、クラスメートとのかかわりといった、プライベートな人間関係についてのルールです。

> 関連する
> ソーシャルスキル

- 友人関係スキル
- 異性とのかかわり
- 年上とのかかわり
- 恋愛・性・遊び

など

1 あせっても　相性合わぬと　たいへんだ

ゆっくりさがそう　気の合う友だち

解説　「友だちをたくさんつくることがよい」などという価値観が流布しています。そのようなメッセージを受けて育ってきた子どもは、強迫的な思いに苛まれやすく、精神的なリスクを生じやすいようです。「焦らない」がキーワードです。

2 知ってるかい　友だちづくりの　極意とは

趣味や好み　合う人探せ

解説　友だちをつくるときは、同じ趣味をもっていたり、好みが合ったりする人を探すようにすると、話が合ってよい関係がつくりやすいでしょう。お互いの共通点を探すことがコツとなります。

3 友だちが　落ち込んでいたら　どうしよう

「そっとしておく」か「やさしく声かけ」

解説　励ますことも大切ですが、ときにはそっとしておくことも大切です。「どうしたの？」とやさしく声をかけ、友だちが話をしてくれるのなら、じっくりと聞いてあげます。

4 人づきあい　積もり積もって　いまがある
→ 自分を変えて　信頼回復

解説 日ごろのおこないや態度、トラブルが積もり積もると、周りからの信用が消えていきます。また、周りから拒否や拒絶をされることも多くなるでしょう。人間関係のこじれは時間をかけて支援し、修復する必要があります。

5 好きな子を　ついついジッと見てしまう
→ 見られるほうは　こわくなる

解説 相手を凝視し続けると、逆に相手に怖がられたり嫌われたりします。「3秒以上見続けないで、視線を外す」「繰り返し何度も見ない」など、具体的にルールとして教えるのも一つのコツです。

6 あの子好き　毎日電話やメールしたい
→ 毎日すると　本当は迷惑？

解説 好きな子に夢中になり、たくさん話がしたい気持ちが強くても、毎日電話やメールをするといやがられます。度が過ぎるのはいけません。頻度や内容について、大人と相談し、ルールを決めます。

7 好きな子の　あとを追いかけ　ついていく
→ それって実は　ストーカー

解説 他者視点に立つのが苦手でこだわりやすい人は、相手へのアプローチが不器用なため、結果的にストーカー行為をしてしまいがちです。異性へのアプローチ方法についても具体化し、アドバイスする必要があります。

カード7 人間関係

8 恋バナと　カラダの話は　慎重に
→ **女の子だけの　ヒミツです**

解説 好きな人や恋愛の話は盛り上がり、夢中になってしまいます。でも、ほかの場所で話すのは禁物。体の話も同じです。同性だけの秘密にしましょう。プライバシーの話は慎重にしましょう。

9 困ったなぁ　恋愛のこと　性のこと
→ **相談しよう　同性に（もしくは大人に）**

解説 思春期には皆、恋愛のことや性のことで悩みます。1人で悩みこんでいないで、信頼できる同性の友だちや大人に、個人的に相談できるようになることが必要です。

こんなルールも　女性には　「とし」や「からだ」や「しわ」のこと
→ **言ってはいけない　「セクハラワード」**

解説 どんな女性にも、絶対に言ってはいけないNGワードがあります。年齢のこと、体のこと、しわのこと、白髪のことなどは、相手の年齢に関係なく「セクハラ発言」として訴えられます。気をつけるべし。

こんなルールも　気になって　猛烈果敢にアプローチ
→ **相手はびっくり　その威圧感**

解説 振り向いてほしくて、相手のことを考えず猛アタックしていると、逆に相手はいやな気持ちになってしまうこともあります。自分の行動は、相手にとっていやではないか、しつこくないかを少し考えさせます。

目があった！　親切だった！　好意ある？

↓

みんながみんな　そうじゃないかも～

解説　親切にされたり、目があったりするとうれしい気持ちになります。しかし、それらがすべて「自分のことが好きかも」ということとは、別であることを教えます。

どんなにどんなに　好きだって　届かぬ愛も　あるのです

↓

恋愛を　ちょっと休んでも　いいかもね

解説　人を好きになる気持ちは素敵だけれど、自分がどんなに好きでも相手が好きになってくれるとは限りません。少し間を置くことも大切です。

どうしよう…　女の子の日　困ったら

↓

大人の女性に　保健の相談

解説　女の子の日（生理）になってしまっても大丈夫。焦らず、安心して大人の女性に相談し、対処方法を教えてもらいましょう。事前にだれに相談するかを決めておくとよいかもしれませんね。

カバンにイン！　ティッシュ　ハンカチ　そのほかイロイロ

↓

持っておくべき　女子アイテム

解説　ティッシュ・ハンカチはもちろんですが、ポーチなどに、くしやゴム、手鏡、リップなど（学校の校則で許されているもの）を入れて持ち歩くと便利です。身だしなみに気をつけて、素敵な女子をめざしましょう。

さくいん

あ

ASD（自閉症スペクトラム障害）
　　　　　　　　　　44、46、52、62、66、70、74
ADHD　　　　　　　　　　　44、52、62、66
SST　　　　　　　　　　　　2、43、46、103
生きづらさ　　　　　　　　　　　　　　22
インタビュー　　　　　　　　　　　　　6
絵本を用いた支援　　　　　　　　　　60

か

カードゲーム　　　　　　　　　　　　2
外在化　　　　　　　　　　　　　　　54
外出先を決めよう　　　　　　　　　　10
カウンセリング　　　　　　　　　　　74
かるた　　　　　　　　　　　　　　　2
切り替え　　　　　　　　　　　27、60
グループダイナミクス　　　　　　　　50
言語能力　　　　　　　　　　　　　　26
校外学習のルール　　　　　　　　　　12
心の理論　　　　　　　　　　　　　　26
ご当地ルールPR　　　　　　　　　　　8
コミック会話　　　　　　　　　　　　46
コミュニケーションの格言　　　　　　14

さ

視覚化　　　　　　　　　　　　　　　46
自己効力感　　　　　　　　　　　　　31
自己受容　　　　　　　　　　　　　　57
自己理解　　　　　　　　　　　31、42、56
自尊感情　　　　　　　　　　　　　　56
指導者に必要なスキル　　　　　　　　40
シナリオ　　　　　　10、11、16、59、62、64、66
下の句ブレーンストーミング　　　　　　4
ジョイントアテンション　　　　　　　26
省察的態度　　　　　　　　　　　　　42
衝動性　　　　　　　　　　　　　　　27
神経衰弱　　　　　　　　　　　　　　2
寸劇　　　10、11、14、15、43、44、45、51、59、62、64
潜在カリキュラム（ヒドゥンカリキュラム：Hidden Curriculum）　　　　　　　　24

た

ソーシャルストーリー™　　　　　58、59
ソーシャルナラティブ　　　　　　58、74

多数派の論理　　　　　　　　　　　　22
多動性　　　　　　　　　　　　　　　27
多様性を知る　　　　　　　　　　　　8
チームアプローチ　　　　　　　　　　40
知的能力　　　　　　　　　　　　　　26
注意集中　　　　　　　　　　　　　　27
中枢性統合　　　　　　　　　　　　　27
通級指導　　　　　　　　　　　62、66
TPOを知る　　　　　　　　　　　　　8
定着化　　　　　　　　　　　　　　　52
手順化　　　　　　　　　　　　　　　46
当事者研究　　　　　　　　　　　　　57
トークン強化法　　　　　　　　　　　49
特別支援学級　　　　　　　　　　　　70

な

認知的な柔軟性　　　　　　　　　　　27

は

ババ抜き　　　　　　　　　　　　　　2
般化　　　　　　　　　　　　43、52、68
非言語能力　　　　　　　　　　　　　26
フィードバック　　　　　　　13、48、57
不注意　　　　　　　　　　　　　　　27
ブレーンストーミング　　　　　　　　4
プロンプト　　　　　　　　　　13、48

ま

マイルズ　　　　　　　　　　24、58、59
学びの当事者　　　　　　　　　　　　56
マンガ化　　　　　　　　　　　　　　46
モデリング　　　　　　　　　47、50、51
モデリング効果　　　　　　　　　　　50

ら

リフレーミング　　　　　　　　54、55
連携　　　　　　　　　　　　　　　　52
ロールプレイング　　　　　　14、43、44

● 監修者
田中康雄(たなか・やすお)
獨協医科大学医学部卒業後、旭川医科大学精神科神経科にて研修、北海道内の精神科・精神病院で勤務したのち、国立精神・神経センター精神保健研究所、児童思春期精神保健部室長、北海道大学大学院教育学研究院教授などを経て、現在、こころとそだちのクリニックむすびめ院長。精神保健指定医、児童精神科医、臨床心理士、北海道大学名誉教授。著書に『つなげよう』(金剛出版)『支援から共生への道─発達障害の臨床から日常への連携へ』(慶応義塾大学出版会)『発達障害のむこうとこちら』(日本評論社)などがある。

● 編著者
岡田 智(おかだ・さとし)
東京学芸大学教育学部卒業。同大学院を修了後、ながやまメンタルクリニック心理士、東京都公立教育相談室教育相談員、YMCA東陽町センター講師、共立女子大学家政学部児童学科専任講師などを経て、現在、北海道大学教育学研究院附属子ども発達臨床研究センター准教授。臨床心理士、特別支援教育士スーパーバイザー。専門は発達障害の子どもの心理アセスメント、ソーシャルスキルトレーニング。著書に『特別支援教育実践ソーシャルスキルマニュアル』『特別支援教育ソーシャルスキル実践集』(以上明治図書)『発達障害における精神科的な問題』『自閉症スペクトラム障害の社会的認知と行動』(以上日本文化科学社)などがある。

本書に関するお問い合わせは、書名・発行日・該当ページを明記の上、下記のいずれかの方法にてお送りください。電話でのお問い合わせはお受けしておりません。
・ナツメ社webサイトの問い合わせフォーム
　https://www.natsume.co.jp/contact
・FAX(03-3291-1305)
・郵送(下記、ナツメ出版企画株式会社宛て)
なお、回答までに日にちをいただく場合があります。正誤のお問い合わせ以外の書籍内容に関する解説・個別の相談は行っておりません。あらかじめご了承ください。

ナツメ社Webサイト
https://www.natsume.co.jp
書籍の最新情報(正誤情報を含む)はナツメ社Webサイトをご覧ください。

暗黙のルールが身につく
ソーシャルスキルトレーニング(SST)カード教材集

2016年5月5日 初版発行
2025年3月10日 第14刷発行

監修者	田中康雄	Tanaka Yasuo, 2016
編著者	岡田 智	©Okada Satoshi, 2016
発行者	田村正隆	

発行所　株式会社ナツメ社
　　　　東京都千代田区神田神保町1−52　ナツメ社ビル1F(〒101-0051)
　　　　電話　03(3291)1257(代表)　　FAX　03(3291)5761
　　　　振替　00130-1-58661

制　作　ナツメ出版企画株式会社
　　　　東京都千代田区神田神保町1−52　ナツメ社ビル3F(〒101-0051)
　　　　電話　03(3295)3921(代表)

印刷所　TOPPANクロレ株式会社

ISBN978-4-8163-6011-4　　　　　　　　　　　　　　　　Printed in Japan
〈定価はカバーに表示してあります〉〈落丁・乱丁本はお取り替えします〉

CD-ROM付き 特別支援教育をサポートする
ソーシャルスキルトレーニング（SST）実践教材集

価格：3,080円（税込） B5変型判 176頁（内口絵16頁）

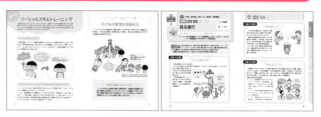

主要目次
- ■早わかりソーシャルスキルトレーニング
- ■CD-ROM活動資料の使い方
- ■ソーシャルスキル指導で大切なこと
- ■目的別ソーシャルスキルトレーニングの実例
  学習態勢／コミュニケーション／
  仲間関係・情緒・自己／生活

本書は子どもの特性をふまえたソーシャルスキル指導のポイントを解説しながら、学習態勢、コミュニケーション、仲間関係、情緒・自己、生活の5つのカテゴリー別に、教育の現場で実践されている様々な指導法を紹介しました。幼児～中学生まで幅広く活用できます。また付属CD-ROMには、すぐに役立つモノクロ、カラーの教材を豊富に収録しました。編集可能なデータも収録していますので、手軽に加工して活用することができます。

[監修] 上野一彦（うえの・かずひこ）
東京大学教育学部卒業。同大学院を修了後、東京大学助手、東京学芸大学教授を経て、現在、東京学芸大学名誉教授。LD教育の必要性を説き、支援教育を実践するとともに啓発活動を行う。1990年に全国LD親の会、1992年に日本LD学会の設立にかかわる。文部科学省「特別支援教育の在り方に関する調査研究」などの協力者会議委員や、東京都「心身障害教育改善検討委員会」委員長、日本LD学会理事長を歴任。学校心理士、特別支援教育士スーパーバイザー。

[編著] 岡田 智（おかだ・さとし）
東京学芸大学教育学部卒業。同大学院を修了後、ながやまメンタルクリニック心理士、東京都公立教育相談室教育相談員、YMCA東陽町センター講師、共立女子大学家政学部児童学科専任講師などを経て、現在、北海道大学教育学研究院附属子ども発達臨床研究センター准教授。臨床心理士、特別支援教育士スーパーバイザー。専門は発達障害の子どもの心理アセスメント、ソーシャルスキルトレーニング。

[著者] 中村敏秀、森村美和子、岡田克己、山下公司

大好評！絶賛発売中！

特別支援教育をサポートする 図解よくわかる ソーシャルスキルトレーニング（SST）実例集

上野一彦 監修
岡田智・森村美和子・中村敏秀 著
B5変型判／168ページ＋別冊16ページ／
定価 2,420円（税込）

本書では、ソーシャルスキルとは何かといった知識から、指導内容や方法、教室の環境設定等をわかりやすく解説しています。着席する、見る、といった基本的なスキルはもちろん、協力する、暗黙のルールを理解する、適切に気持ちを表現するといった子どもの特性やねらいに合わせたスキル別に、SSTの実例を豊富に紹介しました。